LES

ÉCOLES D'ANTIOCHE

LES
ÉCOLES D'ANTIOCHE

ESSAI
SUR LE SAVOIR ET L'ENSEIGNEMENT EN ORIENT
AU IVe SIÈCLE (APRÈS J.-C.)

PAR

Albert HARRENT

PARIS
ANCIENNE LIBRAIRIE THORIN ET FILS
A. FONTEMOING, ÉDITEUR
LIBRAIRE DES ÉCOLES FRANÇAISES D'ATHÈNES ET DE ROME,
DU COLLÈGE DE FRANCE, DE L'ÉCOLE NORMALE SUPÉRIEURE
ET DE LA SOCIÉTÉ DES ÉTUDES HISTORIQUES
4, RUE LE GOFF, 4

1898

PRÉFACE

> « Ceux qui du haut de l'époque actuelle jettent de nouveaux regards sur les situations antérieures du genre humain, nous préparent le fil qui doit nous guider dans les routes incertaines de l'avenir.
> Aug. Thierry, *Dix ans d'Etudes*, p. 271.

Le lecteur aime dès l'abord pouvoir, en feuilletant quelques pages d'un nouvel ouvrage, saisir quel esprit général l'inspire, quel intérêt il présente, quel dessein il réalise.

Souvent, une occasion sans importance apparente, a amené sous les yeux une page d'histoire qui séduit. Des problèmes se sont posés, des leçons précieuses ont été entrevues. Un nom, un peuple, une époque sont ainsi devenus les hôtes familiers de notre esprit, sont entrés en son intimité ; de curieuse, l'étude s'est faite attentive et bientôt cordiale.

Le lecteur ignore cette importance et cet intérêt parfois subjectifs, si l'auteur ne lui révèle un peu de son âme et ne l'amène sinon à partager, du moins à comprendre les raisons de son étude. La préface laisse entrevoir les traits généraux de l'auteur et du livre, comme les yeux laissent deviner l'âme.

Les Ecoles, l'éternel problème, l'Orient, la plus fascinatrice des terres, le IVe siècle, un des plus curieux, un des plus étranges de l'histoire et le plus semblable au nôtre à bien des points de vue : ne sont-ce pas là des sujets susceptibles du plus grand intérêt pour notre génération curieuse d'histoire ?

§ I. *Les Ecoles*

Quelle place immense la question de l'enseignement a tenue depuis trente ans dans les préoccupations de tous ! Que de discussions, de conflits, d'efforts vigoureux, de résistances passionnées ! Quel ébranlement a causé le heurt du droit des familles, de l'Etat, des religions !

Des esprits distingués et subtils sont venus dans un esprit de pacification, tenter de *neutraliser* l'instruction et le savoir, de confondre avec eux l'éducation et le bien vivre ! « Instruire c'est moraliser » disaient-ils. Leur désir de paix a été méconnu, et la guerre la plus acharnée en est résultée. Maintenant que le calme s'est fait. après quelques années d'expérience sortent de tous les rangs des aveux d'erreur auxquels se mêlent certaines inquiétudes, certaines hésitations légitimes chez ceux qui se soucient de la grandeur du pays et de son avenir.

Lors de ces grandes tentatives qui, inachevées à l'heure actuelle, laissent sur la question de l'enseignement planer de redoutables incertitudes, nous avons entendu renouveler les théories de Sparte, « l'enfant appartient à l'Etat » théories toutes locales, peu conformes au libéralisme de toute l'antiquité. Nous avons vu aussi dans l'incessant remaniement de nos programmes un esprit utilitaire inconnu jusqu'à notre temps combattre l'éducation traditionnelle, essayer de détourner des sources où ont puisé tous les fils glorieux de la civilisation moderne et contemporaine, tenter d'éteindre le flambeau nourri de la sève de Rome et d'Athènes et que se passaient nos générations de penseurs et de poètes, d'orateurs et d'artistes.

Peut-être tout cela vient-il de ce qu'on s'est trop soucié de réaliser les conclusions, en apparence logiques, d'une philosophie encore mal fixée, ou les exigences d'une lutte politique nécessaire, sans tenir compte suffisant des leçons de l'histoire. La pédagogie, le mécanisme de l'enseignement est en progrès et compte des maîtres éminents et des travaux de haute valeur ; on n'en peut dire autant de l'histoire des principes qui dominent dans la création des écoles, de l'âme de l'enseignement, de ce qui constitue sa vie intime et son influence féconde.

Voici qu'à la fin du monde ancien, à l'heure où sur ses ruines va paraître le monde nouveau, dans ce lointain, perspective nécessaire de l'histoire, la question de l'enseignement agite aussi les esprits, soulevant les problèmes toujours les mêmes : à qui appartient l'enfant ? quel est le rôle de l'Etat ? quelle doit être l'influence religieuse ? quelle attitude l'Eglise chrétienne qui est au pouvoir maintenant, va-t-elle prendre en face des écoles dont les programmes, les traditions, les maîtres sont païens ? comment se mêlent alors l'instruction et l'éducation ? quels y sont les éléments éducateurs, la situation du savoir ?

On devine l'intérêt puissant de cette page historique, les salutaires leçons qu'on y peut puiser.

En même temps, la question des programmes, les habitudes de la jeunesse, l'action des maîtres, leur influence, les tendances intellectuelles, ne laisseront pas indifférents les amis du savoir et des lettres.

§ II. *L'Orient. Antioche.*

J'ai placé en Orient, à Antioche, mon centre d'études.

Personne n'ignore l'action constante de l'Orient sur le monde civilisé, l'attrait qu'il exerce en particulier sur notre génération.

Depuis l'heure de l'Eden jusqu'à nos jours, que de pages importantes de l'histoire du monde se sont écrites là ; pages d'un rayonnement toujours si intense que nombre d'autres peuples s'agitaient autour des événements survenus en cette nationalité mal définie.

Là l'humanité persiste, à placer les premières frondaisons de la nature, les premiers éveils de l'esprit, les premières joies de l'amour ; pays de lumière et de fleurs.

Les grandes étapes de l'humanité jusqu'à notre ère y sont marquées : la guerre de Troie, les guerres Médiques, la marche gigantesque d'Alexandre, le règne des Séleucides, le dernier fleuron que Rome ajoute à sa couronne de conquérante. Alors, dans son rôle effacée de sujette, elle exerce une influence prépondérante, et reproduit le triomphe de la Grèce vaincue : Omphale séductrice, elle amène à ses pieds dans la servitude de tous les plaisirs le puissant Hercule romain. En Orient naît l'hellénisme séducteur, resplendit et agit la culture intellectuelle ; en lui semble être revenue la sève ; de lui sortent les souffles nouveaux et ses influences s'exercent sur tout l'empire.

A l'heure où Rome succombe sous « l'inondation des Barbares » (1) l'Orient subsiste affaibli, menacé, épuisé, comme une mère par ses gestations répétées.

L'œuvre de Mahomet est un de ces retours de vie par lesquels l'Orient nous surprend et nous séduit.

C'est là encore que l'Occident ira dans une volonté de conquête briser ses forces, fusionner ses castes, mêler ses nationalités, et, résultat plus important que les acquisitions, industrielles et commerciales, rendre possible l'éclosion des libertés, la ruine des féodalités.

(1) Bossuet. *Discours sur l'Hist. Univers.*

Enfin à l'heure de la chute de Constantinople, la ville dépositaire des trésors et des influences de l'Orient, voici qu'à nouveau dans le monde européen civilisé, semblable à celle qui suivit la conquête de la Grèce et de l'Asie, une envahissante sève intellectuelle se manifeste. — Le tronc déjà vieux de huit siècles n'a ni la vigueur, ni la floraison de la jeunesse. Mais de l'Orient viennent les vieux maîtres dont l'Occident jusque là n'avait guère connu que les noms, et quelques rares vestiges, et de son sommeil hivernal le vieux tronc européen s'éveille, le souffle vivifiant et printanier passe, les branches puissantes grandissent, et portent, dans une éclosion rapide, feuilles de printemps et fleurs d'été... La silencieuse terre d'Europe retentit d'accents dont on la croyait incapable... Art, musique, sculpture, peinture et les cathédrales et les épopées paraissent : c'est le siècle des Médicis, c'est le siècle de Louis XIV.

Plus durables et plus précieux sont confiés à notre terre les germes du renouveau politique et social dont la lente croissance laisse espérer les fruits de justice et de liberté que le monde attend. Les violentes poussées de sève qu'on nomme la Réforme, la Révolution, ne seront pas les seules.

Maintenant, d'année en année, se réveille plus aiguë que jamais la question d'Orient, de minime importance en apparence, mais peut être d'un intérêt suprême pour les générations qui viennent. A toutes les grandes heures de l'histoire, l'Orient pose quelque problème et exerce son influence.

C'est pour cela qu'instinctivement notre génération va vers ce monde : le riche curieux y porte volontiers ses pas, les voyageurs y passent recueillant les leçons de l'histoire, l'archéologue y fouille plus profondément que le laboureur de Virgile dans ces champs, vaste plaine muette, et

> « sur le sillon courbé
> Trouve un noir javelot qu'il croit des cieux tombé ;
> Puis heurte pêle-mêle au fond du sol qu'il fouille
> Casques vides, vieux dards qu'amalgame la rouille,
> Et rouvrant des tombeaux pleins de débris humains
> Pâlit de la grandeur des ossements... » (1)

souvenirs d'Hector et d'Antiochus, de Cléopâtre et de Zénobie. Le penseur y va méditer sur les ruines ; l'amateur de la nature et de ses sensations intenses va remplir son oreille des voix du désert et ses yeux de son soleil pour en chant rythmé ou non nous charmer du poème qu'il en rapporte. Le fils de la vieille foi d'Abraham, de David, d'Isaïe, des Machabées vient là resuivre les sentiers des ancêtres et redire avec les prophètes les malheurs de Sion ; le fils de l'Evangile y chante les victoires de son Christ : Crèche, Thabor et Golgotha ; l'incrédule lui-même y vient chercher dans son cadre l'histoire des religions, l'artiste en emporte des pages merveilleuses de pittoresque et de lumière.

Antioche n'a pas toutes ces splendeurs, n'excite

---

(1) Virgile. *Georg*. I. 494-408. Victor Hugo : *Les Rayons et les Ombres*, VIII.

pas ces multiples curiosités. Au point de vue spécial et à l'époque qui nous occupent, elle est la plus intéressante. Rome est silencieuse depuis le départ de l'Empereur ; Alexandrie laisse échapper son sceptre intellectuel dans les ardeurs des luttes religieuses ; Constantinople est une ville de légistes et de guerriers où les jeux de l'amphithéâtre ont plus de fidèles que les exercices d'éloquence ; Athènes « n'offre plus rien d'illustre que des noms. c'est la peau d'une victime qui témoigne que l'animal a vécu... Autrefois réputée pour ses philosophes, elle ne l'est aujourd'hui que pour ses fabricants de miel » (1). Antioche, grâce au séjour des empereurs, à son célèbre orateur Chrysostome et surtout à son illustre rhéteur Libanius, garde son prestige. « Constantinople peut l'emporter par ses théâtres et ses plaisirs ; Antioche l'emporte par l'éclat de ses écoles (2) ».

Elle avait eu son grand rôle après Alexandre sous les Séleucides ; elle exerce une suprême prépondérance sous les successeurs d'Auguste. Elle est avec Jérusalem, Troie, Palmyre, Alexandrie, la ville auprès de laquelle l'historien ne peut passer indifférent.

Hélas ! parce que l'Antioche d'autrefois n'eut pas la délicate beauté d'Athènes, ne fut pas chantée par la lyre géniale d'Homère, ne connut pas l'heure éblouissante de Palmyre et de Babylone ;

(1) Synès. *Ep. 135 A son frère.*
(2) *Lib.* Ed. Reiske, I, 54.

parce que l'*Antakieh* d'aujourd'hui n'a rien gardé pas même la sublime mélancolie des ruines, et qu'au bord de l'Oronte demi-desséché s'est assise la peste, alors qu'un peuple de miséreux s'abrite sous ses toits, ni le voyageur, ni le poète, ni l'historien, oublieux ou dédaigneux de ses dix-huit siècles d'histoire glorieuse et féconde, ne s'y arrêtent. Elle est oubliée dans *l'Itinéraire de Paris à Jérusalem*, à peine mentionnée dans les Relations des derniers voyages en Syrie.

Il ne m'a pas déplu de m'intéresser à celle qu'on ignore et qu'on dédaigne, sous les auspices d'un grand méconnu, Libanius. (1). J'aurais aimé faire

(1) Né à Antioche d'une famille illustre par le goût des lettres et les charges publiques, il revint en sa ville natale après avoir enseigné la rhétorique à Athènes, à Constantinople, à Nicomédie. Pendant quarante ans il fut, en son Antioche éprise de beau langage, le pontife de cette grande religion des lettres, refuge au IVe siècle de tous les esprits délicats, de tous les cœurs fidèles du paganisme. Il sut y trouver et y montrer les éléments éducateurs pour la jeunesse, les charmes souriants du plaisir pour les fêtes, les graves consolations pour les heures difficiles. A ce rôle qui suffirait pour illustrer un nom, il joignit celui d'homme politique : il en connut les dévouements les plus héroïques ; il en refusa les récompenses les mieux méritées. De ses amitiés glorieuses avec Julien, Valentinien et Théodose, avec les préfets et les gouverneurs il ne retira ni honneurs, ni fortune. Sans nulle flatterie, Julien, qui lui fut tendrement attaché, a pu dire « ses discours le placent au premier rang des orateurs, ses actions au premier rang des sages ». Son nom est, en cette fin de siècle le plus illustre de la littérature païenne ; ses œuvres sont les plus curieux documents de la culture intellectuelle, des mœurs, de l'état social ; sa vie est, grâce à sa correspondance (plus de 2.000 lettres) et à son auto-

revivre cette Antioche telle qu'elle était sous Constantin, Julien, Théodose, alors que Libanius l'enthousiasmait dans l'école et Chrysostome dans le temple, à cette heure où Julien la raillait, où Théodose lui pardonnait, où les bois de Daphné n'avaient pas perdu leurs charmes, ni les monts du Piérus les agrestes ermitages des solitaires alors que assise en ses jardins de roses, Antioche la belle, ville des plus délicats plaisirs, regardait passer les flots d'or de l'Oronte.

Les circonstances ont restreint mon étude et ce sont ses écoles, le plus beau rayon de sa gloire, qui ont retenu mon esprit. Les œuvres de Libanius qui, pendant un demi-siècle, enseigne en cette Antioche où il est né, sont la base de ce travail. Le lecteur comprendra que sous peine de laisser dans une imperfection regrettable cette étude, j'ai dû, ou puiser des renseignements chez des auteurs qui ne sont pas de la ville, ou leur demander la confirmation de ceux que j'y avais trouvés. On me pardonnera

---

biographie, assez facile à connaître : ce grand lettré, ce grand citoyen n'en est pas moins presque inconnu de la littérature et de l'histoire, et attend encore son éditeur et son biographe. L'édition de Reiske est incomplète, puisqu'elle ne renferme pas la correspondance ; ses notes sont empreintes de partialité.

Ce défaut caractérise l'Essai de M. Monnier sur Libanius, étude qui n'est pas sans valeur.

Je n'en puis dire autant du *Libanius* de M. Petit, vide et confus. Le travail de Sievers mérite tous éloges au point de vue de l'érudition. C'est une préparation indispensable à une sérieuse étude d'histoire. Il y manque une compréhension plus large de l'homme et de l'époque.

d'avoir voulu donner le caractère exact et complet de ces grandes écoles et autant que possible l'état du savoir dans l'Orient grec au IV⁰ siècle.

J'ai même sur nombre de points touchant le régime, les programmes, donné quelques brèves notions rétrospectives, soit qu'elles fussent nécessaires pour une intelligence plus exacte de mon travail, soit que n'ayant point trouvé ce point traité par les contemporains, j'ai pensé être agréable au lecteur en lui soumettant des faits qui lui sont peut être inconnus, des idées qu'il n'a pas entendu émettre encore.

Je me rends compte de l'imperfection de ce travail, mais disposé à bien accueillir la critique sérieuse, je suis à un âge où l'on croit à l'indulgence.

§ III. *Le IV⁰ siècle.*

L'époque ne me paraît ni moins intéressante, ni moins inconnue que la ville.

Je n'ignore pas que, sur quelques points, des pages savantes ou dramatiques ne soient sorties de main d'ouvrier, mais ce sont des traits pris çà et là, des esquisses de figures qui s'imposent au regard. Sauf l'ouvrage de M. de Broglie, si remarquable mais incomplet et déjà vieilli, il n'y a pas d'étude générale sur ce siècle (1). De plus c'est la partie la plus historique, le mouvement des idées qui a été la plus délaissée.

(1). *L'Eglise et l'Empire Romain.*

Il est vrai que d'excellents esprits de notre temps se sont tournés avec curiosité vers cette période et des travaux vraiment nouveaux par la conception promettent une large moisson historique. Cependant, Français ou Allemands, tous se laissent attirer par la partie latine et abandonnent volontiers l'Orient à qui voudra. Sur celui-ci auquel j'essaie peut-être audacieusement de toucher, rien de nouveau n'a été dit : j'excepte l'étude érudite de Sievers sur Libanius (1) et celle de M. Petit de Julleville, digne de ce maître, sur Athènes (2).

M. Gaston Boissier a demandé aux auteurs latins leurs révélations sur les dernières luttes religieuses en Occident (3) ; il s'y est renfermé ; nous ne nous en plaignons pas puisqu'il y a acquis une remarquable maîtrise. M. Moureaux essaie de compenser par le charme la profondeur d'érudition de son modèle et nous conduit agréablement chez les Africains (4). Ebert et Denk nous offrent le multiple mais indigeste savoir allemand : Denk, nous donne la première histoire vraiment critique de nos écoles gauloises à cette époque (5).

(1). *Das Leben des Libanius.*
(2). *L'Ecole d'Athènes au IVe s. après J.-C.*
(3). *La fin du Paganisme* ; *L'Afrique Romaine.*
(4). *Les Africains* ; *Etude sur la littérature latine d'Afrique.*
(5). Dr Denk *Geschichte des Gallo-Frankischen unterrichts-und bildungswesens* ; Ebert, trad. Aymeric et Condamin ; *Histoire de la littérat. chrét. jusqu'à Charlemagne.*

Je ne doute pas que ces maîtres n'aient éprouvé comme moi le regret de ne pouvoir étudier que sous un jour restreint ces choses si intéressantes alors : idées, écoles, littérature, religions ; de ne pouvoir pas, dans l'union qui leur est naturelle, en Orient et en Occident à la fois, scruter les multiples éléments qui constituent la vie de l'époque, fruits du passé et germes d'avenir.

Quand d'autres seront venus apporter laborieusement quelques pierres nouvelles, peut-être pourra-t-on tenter la reconstitution importante de l'âme de cette époque, de sa vie intime, celle qui est la mère des vrais progrès.

« Au reste, dit M. Guizot, ces époques de transition sont d'une grande importance et peut-être les plus instructives de toutes. Ce sont les seules où paraissent rapprochés et en présence certains faits, certains états de l'homme et du monde qui ne se montrent ordinairement qu'isolés et séparés par des siècles ; les seules par conséquent où il soit facile de les comparer, de les expliquer, de les lier entre eux. L'esprit humain n'est que trop disposé à marcher dans une seule route à ne voir les choses que sous un aspect partiel, étroit, exclusif, à se mettre lui-même en prison ; c'est donc pour lui une bonne fortune que d'être contraint par la nature même du spectacle placé sous ses yeux, à porter de tous côtés sa vue, à embrasser un vaste horizon, à contempler un grand nombre d'objets différents à étudier les grands problèmes du monde sous toutes leurs faces et dans leurs diverses solutions » (1).

A quelle époque cette page s'applique-t-elle plus justement qu'au IVe siècle ? Il semble une énigme obscure, un chaos grandiose et lorsqu'on tente de pénétrer ses institutions et ses hommes, on retrouve en eux les mêmes traits incertains et confus.

Cela peut légitimer dans une certaine mesure la note de décadence dont on l'a marqué, pourvu qu'on ne l'identifie pas avec celle du Bas-Empire. Ne confondons pas le temps d'hiver avec la saison des semailles... la plaine a perdu son charme d'été je le veux, mais malgré le heurt des sillons et les cris du labeur, il y a une bonne odeur de fécondité et des chants d'espérance... Tel le IVe siècle.

Et quels ouvriers ! Quels semeurs ! Les fils de l'Evangile nouveau et ceux de l'antique culte : à l'Occident, la voix railleuse de Jérôme, le ferme et clair génie d'Hilaire et d'Ambroise, le sceptique Ausone, l'éloquent Symmaque. En Orient, les derniers maîtres d'Athènes, fils dégénérés de pères glorieux ; les maîtres de l'Orient grec, Himerius, Themistius, Libanius, esprits souples, charmants, dignes de l'âge d'or de la pensée et de l'art, avec auprès d'eux Chrysostome, l'apôtre qui ignore la politique mais sait la charité, Basile, l'éloquent ami de Libanius, les Grégoire, à l'âme poétique et sensible.

(1) *Histoire de la civilisation en France*, 6e leçon.

Constantin, Julien, Théodose ! Ces trois grandes figures d'empereurs suffiraient pour donner au siècle une place dans l'histoire. Semblables à lui par la complexité de leur nature et l'apparente contradiction de leurs actes, ils semblent de ces figures qu'on ne peut définitivement fixer. La politique, la religion, la psychologie ont pu jusqu'ici apporter et établir sur eux les conclusions les plus opposées.

Auprès d'eux, la vie religieuse paraît lumineuse. Cependant, quelle confusion de hiérarchie, quelle instabilité de doctrine, quel mélange de christianisme et de paganisme ! Peu de place pour l'impiété, mais place immense pour l'occultisme et le mysticisme... Des conflits violents entre évêques : la calomnie coûte peu. Des mœurs qui, dans une Église encore informe, appellent déjà une réforme. Une activité étrange pour l'apostolat, les fondations charitables, les discussions interminables sur les dogmes, et auprès la non moins étrange apathie des moines de l'Amanus.

Du peuple, de l'immense légion d'esclaves, personne ne se soucie ; personne ne songe à relever quelques traits de leur situation inique.

C'est l'heure de la grande lutte entre Rome et les Barbares ; mais combien plus intéressante, plus importante, la lutte, pacifique souvent, violente parfois, toujours féconde des idées, celle dont vivent ou meurent les institutions et les nations, et dont l'humanité s'enrichit toujours.

C'est celle-là qu'il faudrait analyser et décrire :

le conflit du paganisme et du christianisme avec leurs mille nuances, celui de la langue grecque et de la langue latine, du droit contre la rhétorique, la guerre entre le principe de municipalité et le principe de centralisation, cette lutte intime de tous les éléments de la civilisation humaine, et ce départage entre ceux qui doivent disparaître, ceux qui doivent se transformer, ceux qui doivent régner demain encore et pour cela lutter avec l'âpre barbarie qui vient. Il semble ainsi qu'aux heures décisives l'humanité, comme Gédéon éprouvait ses hommes, éprouve ses idées et marche !

Le théâtre, c'est le monde civilisé tout entier ; le cadre, ces masses au grossier langage, aux mœurs étranges qui de la mer du Nord à Constantinople sont aux frontières, comme y sont à l'Orient, les Perses au nom glorieux. Et dans le lointain, qui prête l'oreille entend la cavalcade bruyante, désordonnée, qui a pour avant-garde l'épouvante, et pour arrière-garde le deuil et les ruines : ce sont les hordes d'Attila, de Genséric, les fossoyeurs de l'Ancien Monde.

Il faudrait, pour parler dignement de ce siècle, manier le burin de Tacite, la plume de Montesquieu, la lyre d'Hérodote : savoir comme le sage de Lucrèce en sa tour, impassible devant les flots soulevés, discerner les courants et les souffles, ceux d'hier et ceux de demain, ceux de Rome, d'Athènes, d'Antioche, d'Alexandrie et ceux de Jérusalem, ceux des peuples neufs et rudes et ceux des peuples polis mais vieillis, les décrire, mieux encore les chanter.

La reconnaissance a dicté cette longue préface. Je croirai avoir assez fait si j'ai attiré quelque regard curieux sur Antioche, inspiré quelque désir de s'initier à ce siècle encore mal connu.

J'aime cette œuvre où j'ai trouvé les surprises de l'imprévu et de l'inconnu, les grandes joies des lettres si douces et si précieuses. Dérivatif en des heures amères, refuge et consolation, ce travail me fut un doux compagnon dont je ne me sépare qu'à regret et qu'accompagnent mes vœux inquiets.

« *Æthereas, lascive, cupis volitare per auras*
I, fuge, sed poteras tutior esse domi » (1).

Ardon-sous-Laon, Septembre 1897.

(1) Martial, L. I, *Ep. IV.*

CHAPITRE PREMIER

RÉGIME DES ÉCOLES

Dès le deuxième chapitre de ses *Institutions Oratoires*, Quintilien (1) traite la question de l'enseignement privé : est-il plus utile de faire étudier l'enfant à la maison que de l'envoyer aux écoles publiques ? « Je vois, dit-il, que les législateurs des États les plus illustres et les plus graves auteurs ont été de ce dernier avis. Cependant, on ne doit pas dissimuler que quelques personnes cédant à une conviction particulière dérogent à cet égard à l'usage presque général ».

Telle est donc la pratique de Rome. Nul doute qu'il n'en soit de même à Athènes et à Antioche. Ici, en effet, nous ne trouvons pas les quelques vestiges d'instruction particulière signalés à Rome : Athènes a une théorie propre, ou tout au moins une tradition en matière d'éducation et Antioche la continue ; enfin, les arguments des partisans de l'instruction publique ont, en ces villes, leur pleine valeur.

(1) *Inst. Orat.*, I, 2.

Les voici exprimés avec une sagacité profonde par Quintilien. « Appelé à vivre dans tout l'éclat de la célébrité et au grand jour des affaires publiques, l'orateur doit avant tout s'accoutumer de bonne heure à ne point redouter l'aspect des hommes, à ne se point ensevelir dans l'ombre d'une vie solitaire ; l'esprit reste en activité ; la présomption, fruit fatal de l'isolement disparaît. Là se façonne cette sorte d'instinct qu'on nomme le sens commun que la seule fréquentation des hommes peut produire.

A l'école publique, on profite des observations ou éloges adressés à d'autres. L'émulation surtout, la mère des études fécondes, naît de la honte des insuccès ou des joies du triomphe : avec quelle ardeur on se dispute la palme et quel honneur pour celui qui est le premier de la classe. « Cette lutte nous donnait plus d'ardeur que les conseils de nos professeurs et la surveillance de nos maîtres, les vœux de nos parents ».

Auprès des émules il y a les modèles, « comme la vigne monte du pied de l'arbre et saisit d'abord les rameaux inférieurs avant d'atteindre leur faîte, c'est à imiter les travaux de ses condisciples que l'enfant s'élève lentement au sommet du savoir ».

Le maître, lui-même, n'a-t-il pas besoin de son auditoire pour donner à ses paroles la chaleur qui convainc, l'enthousiasme qui transporte et faire de sa leçon de rhétorique un modèle de bien dire. Il n'y aurait pas d'éloquence au monde si l'on n'avait à parler qu'en particulier.

N'est-ce pas là seulement que s'effectue la formation de l'homme social, qui entre pour tant dans nos préoccupations pédagogiques contemporaines ?(1) Quintilien passe sous silence cette considération parce qu'il n'avait pas à signaler le malaise qui résulte lorsque l'instruction privée prend, dans une classe ou une nation, une place trop prépondérante.

Il est facile de comprendre à ce simple résumé, que dans l'éducation grecque orientale où la rhétorique tient l'immense place que nous verrons, où la vie sociale est si développée, où la vie entière se passe dans les relations multiples des fêtes, des festins, des bains, des jeux, du forum, il n'y avait place que pour l'éducation publique. Y a-t-il encore à l'époque qui nous occupe, des enfants élevés dans la famille par un maître ? Peut-être, mais ce ne sont que des exceptions, car nous rencontrons dans les écoles les fils des rhéteurs et des magistrats chrétiens et païens et ceux que suit la vigilance paternelle et ceux que la sollicitude inquiète des mères retiendrait volontiers au foyer.

---

(1) Les Falériens, se conformant en cela à l'usage grec, faisaient donner en commun, par le même maître, l'instruction à leurs enfants, afin d'habituer ainsi, dès le principe, ces derniers à être élevés et à se laisser conduire les uns avec les autres. T. I, p. 520, éd. Reisk.

Quintilien signale cependant une double objection. La première vient des mœurs, la seconde de la direction des études.

A cette seconde, plus apparente que réelle, il répond que « si l'on croit qu'un maître donnera mieux ses soins à un seul élève, l'enseignement public n'empêche pas qu'on donne un tel répétiteur ». Autrement, il est à craindre que le maître qu'on trouvera soit assez médiocre, car il n'y a que les médiocres qui s'accommodent ainsi de ce rôle. Fût-il un maître incomparable, il ne peut être constamment occupé de son élève dans une leçon perpétuelle. Alors, si la leçon est intermittente, elle est aussi utile à plusieurs : autant l'entendent, autant en profitent ; c'est le soleil qui répand au même degré la lumière et la chaleur. L'inconvénient des corrections et explications est compensé par tant d'avantages !

Quand à la première objection, elle nous permet de dire un mot de la moralité des écoles publiques au IV° siècle, *causa prorsus gravis*, « question absolument importante ». Quintilien ne nie pour son époque ni le mal ni sa gravité, bien que le premier, responsable à ses yeux, soit la famille, « aussi, n'est-ce pas des écoles qu'ils rapportent des vices mais bien dans les écoles qu'ils les introduisent, tant ils y arrivent pervertis et gâtés. Dès lors, on comprend que dans la réunion d'hommes de cet âge, naturellement plus enclin aux vices, le contact crée les plus honteux déréglements », reproche hélas trop fondé.

Que sera-ce en Orient où jamais la famille ne connut l'austérité romaine, où le plaisir semble naturel sous le soleil, les fleurs, où le corps et l'âme s'alanguissent si facilement avec l'usage des bains, des fêtes et de mille autres éléments de corruption.

Chrysostome dès lors ne me semble plus exagérer sa thèse à loisir ; Libanius lui-même lui donne raison et de ses sévères leçons confirme les plaintes indignées du moraliste chrétien.

On n'ignore pas que sur ce point l'Etat se départit de sa large tolérance touchant l'instruction, ses prescriptions n'affectent d'ordinaire que la discipline et la moralité. On ne peut nier que ce soit le rôle bien compris du pouvoir.

Voici dans le *Discours d'Eschine contre Timarque* un trait de cette ancienne et constante préoccupation. Bien que les maîtres à qui nous devons remettre le soin de nos enfants soient intéressés à respecter les mœurs parce que leur fortune en dépend, cependant le législateur paraît se défier d'eux : il indique en termes exprès à quelle heure l'enfant doit aller à l'école, avec combien de camarades il doit s'y trouver, à quelle heure il doit en sortir. Il défend aux maîtres d'ouvrir leurs classes avant le lever du soleil et leur enjoint de les fermer avant le coucher mettant en extrême suspicion la solitude et les ténèbres. Il détermine la condition et l'âge des jeunes gens qui fréquentent ces établissements (1).

De là ces surveillants établis pour toutes les réunions de la jeunesse et dont le pouvoir s'étend aux maîtres comme aux élèves : le paidotribe dans l'éphébie, le cosmète dans la Palestre.

Il est probable qu'à l'époque où nous sommes, l'influence de Rome s'est fait sentir, les mesures de protection ont plus ou moins disparu, une immoralité sans nom en est le résultat.

« Quel courroux, quelles foudres vont éclater sur nous qui en cherchant à purifier le langage de nos enfants par l'étude de la sagesse profane abandonnons leur âme au bourbier immonde dans lequel elles gisent et se décomposent » (2).

Pour signaler ce mal Chrysostôme choisit les termes les plus vifs qui puissent marquer son indignation, exprimer son dégoût (3). Il hésite, la honte dans l'âme et le rouge au front, mais la gangrène et la purulence de la plaie n'arrêtent par le médecin « une passion nouvelle et détestable s'est produite à notre époque ; un mal incurable et terrible, peste plus dangereuse que la peste la plus mortelle a éclaté parmi nous. Un crime effrayant et inouï a été inventé : crime qui renverse non seu-

---

(1) *Contra Timarch*, § 2, 3.
(2) J. Chrysost : *Troisième Discours contre les adversaires de la vie monastique.*
(3) J. Chrysost : *Troisième Discours contre les adversaires de la vie monastique.*

lement les lois écrites mais encore les lois de la nature elle-même. Grâce à ce monstrueux raffinement de débauche, la fréquentation criminelle des femmes ne paraît plus si mauvaise. On s'estime heureux de se dérober à ces filets vulgaires et les femmes sont menacées de devenir un hors-d'œuvre, les jeunes gens remplissant leur office. Ajoutez à ceci que ces forfaits exécrables s'affichent avec une audace et une effronterie sans mesure... De tels désordres n'éveillent que le sourire. La sagesse passe pour de la folie, les observations pour des extravagances. De la part des faibles on les accueille par de mauvais traitements, de la part des puissants on les accueille par la dérision, la moquerie et mille sarcasmes ; les tribunaux, les lois, les pédagogues, les parents, les maîtres, les serviteurs n'y peuvent rien. Ceux-ci, sont corrompus par l'argent, ceux-là ne songent qu'à toucher le prix de leur service... L'infamie s'étale au milieu des foules avec autant de liberté que dans une complète solitude.

Où sont les barbares qui ne soient pas vaincus par cette monstrueuse débauche : quelles sont les bêtes sauvages au-dessous desquelles nos libertins ne s'abaissent point par leurs mœurs ? On remarquera chez certains animaux, des emportements, des fureurs sensuelles qui ressemblent à une folie véritable... quelles que soient ces ardeurs, ils respectent les lois que la nature a fixées ».

Les décrets de Théodose contre ces infâmes désordres en attestent trop la réalité.

Quelle que part que nous fassions à l'emphase du rhéteur et à l'exagération du prêtre, il faut reconnaître la gravité du mal d'autant plus que Chrysostôme n'en exclut pas les chrétiens, « des êtres éclairés par un enseignement divin, des êtres qui instruisent les autres de ce qu'ils doivent faire ou éviter... des hommes dont les oreilles reçoivent une doctrine descendue du ciel qui se conduisent plus indignement avec des jeunes gens qu'avec des courtisanes » (1).

Libanius, qui, s'il en faut croire son auto-biographie, a su résister là où Augustin et Chrysostôme ont succombé, n'a pas la véhémente indignation du converti et reste bienveillant.

« Il ne faut pas juger trop sévèrement la jeunesse, nous souvenant de la nôtre (2) ». Il écrit à Polydore dont le fils s'est laissé séduire par la voix d'une sirène. « Je ne nie pas que l'amour pour une courtisane ne soit plus honteux que l'amour pour toute autre femme. Mais quand je réfléchis que Cupidon est aveugle, à en croire les poètes, je me persuade volontiers que sous l'empire et à l'aide de ce Dieu, les femmes impudiques aussi bien que

---

(1) J. Chrys. *Troisième Discours contre les adversaires de la vie monastique.*
(2) Ep. 1458, *ad Hierum.*

les femmes honnêtes s'emparent du cœur des hommes. Si donc on ne voit pas avec étonnement, si on ne blâme pas, si on ne condamne pas celui qui cède à la puissance de ce Dieu, parce que ni les plus grands rois, ni les philosophes les plus sages et les plus orgueilleux, ni Jupiter lui-même roi des Dieux, ne sauraient échapper à ses traits, pourquoi haïr, détester, exécrer celui qui sert sous le même maître. Ce n'est pas de son propre mouvement, mais forcé par la puissance de ce Dieu que celui qui pourrait aimer une chaste épouse donne son cœur à une courtisane. Puisqu'il en est ainsi, considère moins ton fils comme digne de haine que comme digne de ta pitié et de ton pardon » (1).

Cependant voici sa conduite pour son école : « Ecoute mon opinion. Si quelqu'un de mes élèves a commis une de ces fautes honteuses dont on ne peut parler, je le renvoie et ne laisse pas la contagion envahir le troupeau qui m'est confié » (2). Un jour, il porte devant la Curie d'Antioche une accusation contre les pédagogues qui trafiquent de la pudeur des enfants (3). Il s'élèvera avec non moins de vigueur contre la coutume qui s'introduit d'inviter les jeunes gens aux banquets des Jeux Olympiques, véritable école d'immoralité. Le grand

(1) Wolf. (*Ep. lat. Zambic*, II, p. 7.9), à Polydore.
(2) Wolf. *Ep.* 1139, *ad Acacium*.
(3) *Ep.* 407.

respect de l'enfance n'est évidemment pas le caractère de cette époque et comme au temps de Plutarque, « ce n'est pas par contrainte de raisons géométriques, comme disait Platon, mais bien par attrait d'amour que les filles se livraient toutes nues aux jeux, danses et ébattements devant les jeunes hommes ».

Aussi Jérôme écrit à Léta : « Eloignez de la compagnie de votre petite Paula tous les autres enfants qui auraient des vices et que les filles qui la serviront n'aient point de rapports avec les étrangers de peur qu'elles ne lui enseignent ce qu'elles auraient eu le malheur d'en apprendre ».

Dès maintenant on comprend combien d'éléments de corruption sollicitent l'enfant : climat et tempérament, indifférence des familles d'ordinaire trop peu soucieuses de l'élément moralisateur, immoralité des nourrices et des pédagogues, mœurs générales d'une excessive liberté et d'une extrême décadence, qui entravent l'action même des lois, fêtes, danses, exercices nus dans les palestres et les bains. Lorsque l'immoralité est dans les mœurs publiques et privées, nul doute que l'école ne lui soit un terrain propice de culture. Mais c'est une erreur de la rendre responsable de cette corruption parce que c'est en elle qu'elle se manifeste le mieux et que ses ravages sont plus sensibles en des victimes en qui avec la vertu disparaissent les meilleures promesses d'avenir.

Discipline

Si les écoles sont infectées d'une telle immoralité, ce n'est pas que la répression fasse défaut. La page de la discipline semble à nos esprits modernes aussi déplorable, mais à un autre point de vue, que celle de la moralité. On n'est pas médiocrement surpris lorsqu'on sort des écoles d'Antioche ou de Rome, l'oreille pleine du bruit des verges et des cris de douleur, de savoir que sans ironie le Romain nomme « *ludus* » le jeu, et le Grec « σχολή » le repos, cette vraie geôle de jeunesse non pas captive mais battue.

N'insistons pas sur les écoles de langue latine. Il serait trop facile de rappeler Orbilius, donneur de coups, le maître d'Horace et d'emprunter aux *Confessions d'Augustin* le fameux passage où il nous déclare (1) « qu'il frissonne d'horreur au souvenir de ses premières études et n'hésiterait pas à choisir la mort s'il lui fallait opter entre elle ou une nouvelle enfance » (2). Rome l'austère a gardé ainsi le trait énergique du commandement, mais la Grèce, humaniste raffinée, fouette non moins vigoureusement.

Il faut reconnaître que dans l'éducation grecque aussi bien que dans l'éducation romaine, le fouet fut d'un usage constant ; d'ailleurs sous la sauve-

1. Ep. II, I, 70. « . *memini quæ plagosum mihi parvo Orbilium dictare* ».
2. *Confes.* I. 9, 13.

garde des traditions et des lois il demeure longtemps un des moyens légitimes de répression. Aussi bien, c'est surtout de peines corporelles qu'on a fait usage depuis l'humanité naissante jusqu'à nos jours. M. Félix Hément veut y voir la prédominance du principe d'expiation sur le principe d'amélioration (1). Ceci me paraît une accusation aussi odieuse que déraisonnable, inadmissible dans les questions d'éducation, si elle subsiste dans la répression légale. Il ajoute que « les procédés varient avec les degrés de civilisation » ; à ce titre il n'est point de nation civilisée qui ne soit barbare par quelque endroit. On fouette au siècle de Périclès, au siècle d'Auguste ; on fouette à l'époque si amollie du Bas-Empire, on fouettera sous Louis XIV. Il ne faut pas faire de notre répulsion actuelle pour ce procédé, une supériorité de civilisation : si le fouet n'est plus légal et si les châtiments corporels sont justement interdits, on n'ignore pas que la pratique diffère souvent du permis.

Donc le fouet admis dans la famille à l'égard des esclaves et des enfants, dans la cité à l'égard des coupables, dans la palestre à l'égard des élèves et des maîtres, l'est aussi dans l'école. Jusque Plutarque et Quintilien, nous ne rencontrons guère d'hommes de valeur, ni d'éducateurs pour les condamner (2).

1. A propos des châtiments dans l'éducation (Picard 1888).
2. Esch. le Socrat. Dial. III, § 8. Sid. Apoll. II, Ep. 10. Hieronym. Ep. 32, 33. Juv. I. Sat. V, 15. Mart. Epigr. X, 62.

« Si l'enfant se montre docile, on l'encourage ; s'il est indocile, on le redresse comme un bois tordu et recourbé, par les menaces et les coups ». C'est l'opinion de Platon et d'Aristote (1).

Au Ier siècle, Quintilien et Plutarque répugnent à ce procédé, réclament des exhortations et des conseils, mais non des coups et des paroles blessantes. « Je ne veux point du tout que l'on frappe les écoliers encore que l'usage l'autorise et que Chrysippe l'approuve : ce châtiment est dégradant et servile » (2).

Il est vrai que Caton avait déjà voulu élever lui-même son fils afin que le pédagogue ne lui tire pas les oreilles (3). Aujourd'hui ces procédés violents nous répugnent parce que nous avons placé l'enfant plus haut, trop haut peut-être, et qu'il nous semble plus digne de lui proposer le devoir que de le lui imposer. Comme toutes les utopies celle-là ne manque pas de grandeur mais il faudrait prendre garde en condamnant Démée, le père sévère, d'imiter le faible Micion.

Au IVe siècle, Himérius représente les maîtres débonnaires. « Je hais ces maîtres de la jeunesse qui ne conduisent pas les troupeaux comme des bergers avec la flûte, mais menacent de coups et du fouet. Mes troupeaux, mes nourrissons (puissè-je ne les voir jamais dispersés) ne sont gui-

---

1. *Protag.* I, 325; *Republ.* VII, 15, 7.
2. Quintil. I, 3, 14. Plutarq., *De l'éducation des enfants*, T. VI, 103. Ed. Reiske.
3. Plutarque. T. II, p. 588, sq.

dés que par ma persuasive éloquence aux prés et bosquets des Muses. Pour les mener, jamais les coups, toujours les chansons. Notre mutuel amour se nourrit de musique et l'harmonie règle mon pouvoir » (1).

Il est cependant le seul qui nous présente le spectacle de cette bénignité et l'usage du châtiment corporel prévaut certainement.

« Si parfois l'élève apporte quelque négligence, sa peau fait connaissance avec les verges ; les coups ne l'encouragent pas à recommencer et lorsqu'il a dans quelques larmes amères adouci sa douleur il s'applique au devoir, s'efforce de réfléchir. Si, en gamin qu'il est, il ne s'en soucie pas, alors on le prive de nourriture et tandis que ses camarades vont prendre leurs repas, il reste seul dans l'école ». Ainsi parle sans protestation Grégoire de Nysse (2).

Libanius qui cependant se plaint d'être trop facile pour ses élèves, fouette aussi. « Si vous étiez sophiste et qu'un de vos élèves se conduise mal, dit-il à l'empereur Julien, le toléreriez-vous ? Non, mais vous apporteriez les verges » (3). Dans la lettre déjà citée où il parle d'éloigner le mal contagieux de l'élève corrompu, il « réveille à coups de fouet l'élève qui ne travaille pas. C'est

1. Or. XV.
2. Grég. Nyss. *De castigatione.* Cf. S. Basile. *Sur la lecture des auteurs grecs.*
3. *Legat. ad Julian.*

ce qui est arrivé à votre fils coupable de paresse. Laissant là les livres, il a montré la légéreté de ses jambes et il a été puni sur ses jambes afin qu'il apprenne à faire de préférence courir sa langue » (1).

Les textes qui établissent cet usage sont nombreux ; c'est dans les larmes, sous les coups de verge et de férule que l'enfant apprend les « durs rudiments » (2). Jérôme affirme bien qu'il ne réclame pas ces moyens pour former Paula ni Pacatula, et Théodoret évoque mélancoliquement le bonheur des abeilles qui apprennent à faire leur miel sans passer par ces douleurs. Mais il reste que c'est l'usage et un usage maître incontesté.

Les instruments furent de tout temps les mêmes : le fouet, le martinet, la férule. La férule ou baguette est surtout employée par le pédagogue qui l'a toujours à la main lorsqu'il accompagne l'enfant. C'est le moins rigoureux des châtiments ; cependant Fulgence se souvient qu'écolier il avait les mains enflées de coups de férule (3). C'était sur les mains principalement, mais aussi sur le dos et autres parties du corps qu'on l'utilisait.

Le fouet, simple lanière de cuir ou de peau d'anguille, est d'un emploi fréquent et tient le milieu entre les deux autres.

Quant au martinet, qualifié horrible, formé de

1. Lib. Ed. Wolf. Ep., 1139, *ad Acacium*.
2. Ausonc. Idyll. IV.
3. « *Tumidas ferulis gestaveram palmas* ».

petites lanières nouées et cinglantes, il est rarement mentionné et, il faut l'espérer aussi, rarement employé. Il faisait la peau de l'enfant tachetée comme un tablier de nourrice (1). Il ne faut pas, disait Horace, déchirer avec le martinet celui qui ne mérite qu'un coup de lanière (2).

« Si l'enfant se conduit mal ou néglige son devoir, il y a le fouet, donne-lui en de nombreux coups sur le dos et fais lui redouter la férule et les verges » (3).

Tout ceci authentique la fameuse peinture découverte dans les ruines de Pompéi : description du châtiment d'un écolier (4). Il est dépouillé de ses vêtements ; un de ses camarades le tient par les deux mains hissé sur son dos, un autre lui tient les pieds, tandis qu'un troisième personnage lève les verges pour frapper (5) Pendant ce temps, le maître, dont la grande barbe ne dissimule pas la mine renfrognée, les mains dans son petit manteau, fait lire quelques élèves.

La main jouait aussi probablement son rôle : « c'est le châtiment des petits enfants et non des hommes », peut-être aussi que la pantoufle suivait parfois, punition légère, le chemin que suivit celle d'Omphale à l'égard de Mercure.

(1) Plaute *Bacchid*.
(2) I, Sat., III, 119.
(3) Lib. II Chria.
(4) *Mém. de la Soc. Roy. de Saxe*, vol. XII.
(5) C'est l'illustration de ce passage d'Apulée, Flor. IX :
"*Altissimo sublato puero ferula nates ejus obverberans.*"

Inutile de remarquer que ces châtiments sont en usage dans toutes les écoles et que l'âge n'en dispense pas. L'édit de Valentinien, Valens et Gratien, enlève du reste toute incertitude : « Que si quelque étudiant ne se conduit pas dans la ville comme l'exige la dignité des études libérales, qu'il soit publiquement battu de verges » (1).

Si l'on en croyait les poëtes, voire même Thémistius, il y aurait eu d'autres procédés de vraie torture, des scènes de violence regrettable, élèves liés à un poteau, baillonnés, torturés, écartelés, soumis au supplice du chevalet et de la fidicula (2).

Il est vrai que ce n'est plus le professeur qui agit alors, mais le créancier irrité de voir passer les mois sans rétribution (3). C'est la vengeance cruelle et inique d'un estomac vide, d'un maître miséreux. La misère des maîtres créait ainsi un double mal : car le besoin de vivre les faisait aussi hésiter à éliminer les élèves corrompus, malgré les craintes de contagion.

D'autre part, sans honneurs, les premiers maîtres trouvaient dur d'être aussi sans ressources ; aigris par l'infortune, ils devenaient cruels à l'égard de ceux qui les frustraient de leur salaire. Ainsi, ce qui était un stimulant pour la paresse, un châtiment pour la révolte, devenait un instrument inique de vengeance entre les mains d'un maître affamé.

(1) Cod. Théod., XIV, tit. IX, 1.
(2) Ov. I, 17.
(3) Lucien *Hermot. et le Banquet.*

N'insistons pas sur ces exceptions.

Le châtiment n'était pas le seul langage employé à l'école pour ramener au devoir : les avertissements, les menaces précédaient.

La douceur même n'était pas inconnue (1). Du temps d'Horace, déjà, des maîtres indulgents donnaient des friandises aux enfants pour les encourager à apprendre les premiers éléments. Aujourd'hui, l'austère Jérôme conseille la même pratique. « Pour exciter l'ardeur de Pacatula, promettez-lui des jouets, des friandises, ce qui charme dans les fleurs, ce qui resplendit dans les pierres, ce qui plaît dans les jouets, que l'étude lui soit un divertissement plutôt qu'un travail, que l'inclination et non la nécessité l'y pousse (2).

Salvien nous affirme que presque tous les enfants incorrigibles que ne changent ni les menaces, ni la férule, se laissent parfois conduire par les caresses et les présents (3).

Libanius et Thémistius nous sont témoins que la patience n'était pas inconnue aux maîtres. Lorsque du bruit s'élève dans leurs écoles et que les disciples deviennent turbulents, ils paraissent attendre davantage de la tolérance que de la répression. Ils préviennent les parents, et ne se décident au ren-

---

(1) I, Sat. I, 25 :
    Ut pueris quondam dant crustula blandi
    Doctores, elementa velint ut discere prima.
(2) Ep. 128, édit. Migne, *ad Gaudentium.*
(3) *De Gubernat. Dei,* VI, 92.

voi, « déshonneur irréparable », qu'après avoir tout tenté, mais alors, dit Libanius, quelques renvois faits froidement produisent une excellente impression (1).

Les maîtres ayant du tact, de la modération, ne manquent donc pas au IVe siècle. Convaincus que « l'enfant est l'animal le plus difficile à conduire », ils savent que la douceur et le respect sont les meilleurs instruments de discipline. Les autres ont aussi leur rôle en des circonstances et pour des natures exceptionnelles ; peut-être que l'antiquité fit trop de l'exception la règle.

Action de l'Etat, des Municipalités, de la Liberté

L'enseignement public peut se trouver sous trois régimes différents.

Les maîtres, à leurs risques et périls, ouvrent leurs écoles : c'est l'enseignement libre.

La ville ou la bourgade, extension de la famille dont elle peut représenter les droits et, par son unité, les mieux sauvegarder, ouvre des écoles, choisit les maîtres, assure leur traitement : c'est l'enseignement municipal.

L'État, au nom de ses droits supérieurs, intervient, se réserve le choix des programmes et celui des maîtres, assure des privilèges à ses professeurs et à ses élèves : c'est l'enseignement d'État.

Ce n'est point le lieu d'étudier les principes di-

---

(1) Reiske, I, 146.

vers mis en avant pour étayer chacune de ces institutions, ni de voir les divers degrés qu'elles comportent et qui varient de l'indifférence absolue à la plus inique des tyrannies. D'ailleurs, le plus souvent, ces formes d'enseignement coexistent et se compénètrent, constituant ainsi un état de chose moyen qui satisfait les amis de la modération et de la mesure.

Il ne me paraît pas dénué d'intérêt, même après les vives discussions de notre temps, de brièvement dégager le principe qui ressort de l'histoire complète de l'éducation dans l'antiquité : le respect de la liberté individuelle.

Les auteurs qui ne l'ont pas reconnu et ont cru voir dans cette histoire l'État ancien réaliser les utopies vaguement communistes d'Aristote et de Platon, ou se sont laissé entraîner par le désir de légitimer les tendances contemporaines, ou se sont laissé leurrer par le grand souffle de patriotisme et le culte de la cité, double impression que laisse profonde le contact de l'antiquité.

Quel peut être le rôle de l'État par rapport à l'instruction et à l'éducation ?

A l'heure actuelle, nous trouverions peu d'adversaires des droits ou, si l'on veut, des devoirs de l'État en cette matière.

Les uns disent : « L'individu seul a des droits, l'État n'a que des devoirs »(1); pour d'autres, l'État

(1) H. Michel, *L'idée de l'État*.

a la responsabilité de l'avenir et par conséquent les droits nécessaires pour l'assurer et réaliser sa propre raison d'être et de ces deux théories, en principe si opposées, l'aboutissement en matière d'enseignement est le même. Thèse ou simple hypothèse, conclusion rigoureuse d'une doctrine fixe, ou simple concession à des circonstances spéciales, cette action de l'État est par tous considérée comme légitime.

L'antiquité ne connut pas cette unanimité. Loin de là ! Sous aucun régime, si despotique fut-il, le minimum d'intervention, aujourd'hui admis de tous, ne fut même proposé.

L'affirmation de l'antériorité des droits de l'État fut rarement discutée, sa main-mise sur les individus souvent absolue. C'est la théorie de Platon. « Et ce ne sera point au gré des parents que les enfants fréquenteront les écoles ou s'abstiendront d'y venir, mais il faudra que tous, autant que possible, homme et enfant, comme dit le proverbe, soient forcés de s'instruire, vu qu'ils appartiennent à l'État plutôt qu'à leurs parents (1) ». De même, Aristote : « Il faut se bien persuader que le citoyen ne s'appartient pas à lui-même, mais à son pays... Il est donc évident que l'instruction doit être régie par des lois et qu'il faut la rendre commune (2) ».

La théorie, on le voit, est absolue, en harmonie

(1) *De Leg.*
(2) *Polit.* VIII.

d'ailleurs avec le patriotisme des cités athéniennes, étroit, mais prêt à tous les sacrifices.

Mais cette théorie exprime plutôt des desiderata qu'elle n'affirme des réalités légales. On ne peut guère citer que la législation de Solon et de Charondas. Encore est-ce à l'heure où l'éducation de l'enfant est une formation de soldats et de citoyens avant d'être la formation d'hommes. La loi, quelques hymnes, des éloges d'hommes illustres, constituent tout le bagage littéraire de ces Grecs dont « l'opulente fortune c'est la javeline, c'est l'épée, le beau bouclier rempart du corps ». Leur éducation est complète pourvu que, « semblables aux chiens de Crète, ils soient légers, bons sauteurs et habitués aux sentiers des montagnes »(1). C'est l'époque où la force prime l'esprit.

Cette époque dura peu... Nous ne trouvons plus ensuite l'intervention directe du pouvoir pour restreindre la liberté des familles et des maîtres.

La seule exception que nous rencontrons est le décret porté en 306 sous l'archontat de Coraebos (2); Sophocle fils d'Amphiclide propose « qu'aucun philosophe ne se mette à la tête d'une école si le sénat et le peuple ne l'ont préalablement approuvé. L'infraction sera punie de mort ». Le décret soutenu par Démocharès le fils de la sœur de Démosthène est promulgué... Les philosophes préfèrent se retirer : Théophraste quitte Athènes aban-

---

(1) Athen., XV, 696.
(2) Diog. Laert. V., 38.

donnant son école de deux mille élèves. Deux ans après Philion accuse Sophocle de paranomie ; le décret est rapporté et son auteur condamné à une amende de cinq talents. La liberté chez les Grecs ne supportait pas longtemps le joug.

Il est certain qu'au siècle de Périclès toute action législative concernant l'organisation des écoles, le choix des maîtres, les programmes, l'inspection de l'enseignement a disparu.

Reste le contrôle exclusivement moral, la surveillance et la réglementation que nous trouvons pour toutes les réunions, la police des fêtes, et les nombreux magistrats : gymnasiarques, cosmètes, sophronistes, pédonomes chargés de l'ordre et de la moralité.

La loi rappelle aux parents, mais sans rien prescrire, leur devoir de veiller à l'instruction de leurs enfants. Elle leur refuse s'il l'ont négligée, sa protection pour leur vieillesse et dispense le fils de secourir son vieux père (1). C'est à ces lois directives que Platon fait allusion lorsqu'il parle de « celles qui ont prescrit au père de Socrate de lui faire apprendre la gymnastique et la musique ».

Lucien résume cette législation lorsqu'il fait dire à Solon. « Nous veillons principalement et de toute manière à ce que nos enfants deviennent des citoyens d'une âme vertueuse et d'un corps robuste » (2).

(1) Galien *Protrept. c. VIII.*
(2) *De Gymnas, II, v. 901, 910.*

Auprès de la théorie si énergiquement affirmée des droits de l'Etat nous trouvons donc une pratique d'un libéralisme que ne connaîtront plus les siècles à venir. On comprend comme vraiment la liberté fut l'âme même de la culture, de la civilisation athénienne. Et s'il n'est pas permis d'affirmer possibles aujourd'hui les libertés de ce temps, nous pouvons constater que c'est avec elles qu'ont apparu les grands siècles de la civilisation et que l'humanité a marqué ses étapes ascensionnelles les plus glorieuses vers le beau artistique et littéraire.

Nous ne pouvons cependant passer sous silence l'éphébie « noviciat obligatoire que la république d'Athènes imposait à tous ses membres au moment où elle leur accordait les droits civils et politiques » (1). Durant une ou deux années selon les époques, le jeune homme de dix-huit ans devait apprendre la vie publique, se former sous le contrôle incessant et minutieux de l'État à toutes les qualités qui pouvaient être nécessaires à un citoyen. Il apprenait la politique, le maniement des armes, célébrait les sacrifices... Mais ce fut toujours une action fort restreinte de l'Etat et nul texte ne témoigne de son existence après l'an 247 (ap. J.C.).

L'administration de l'Empire est de mieux en mieux connue et un des faits, non les moindres, révélés par les récentes études est la constitution

---

(1) Dumont *Essai sur l'Ephébie*.

du régime municipal ou provincial et le grand élément de liberté qui résultait de ce régime. Toutes les cités, pays d'Empire ou alliés ou sujets, ont leurs magistrats locaux, leur assemblée ou sénat municipal.

Sans doute lentement les droits avaient diminué, le fonctionnarisme grandi ; l'action impériale s'était étendue à des objets jusque-là hors de son atteinte, non pas toujours par idée arrêtée et principe d'absolutisme mais souvent forcée à cela par les besoins ou les incapacités des administrés eux-mêmes... Déjà les libertés étaient gravement restreintes lorsque Caracalla avait étendu le droit de cité à tous les habitants de l'Empire Romain... Et Dioclétien dans sa fameuse organisation administrative ne fait que sanctionner l'existence de ce formidable cadre de fonctionnaires qui s'est imperceptiblement constitué, depuis Trajan principalement.

Antioche qui avait acheté sa liberté à prix d'argent sous César, paie aujourd'hui le tribut et se voit sans cesse menacée de perdre après les autres ses privilèges de métropole. Cependant son assemblée municipale subsiste et elle garde jusqu'à la fin du IV° siècle le droit de choisir les maîtres, dont le salaire est à la charge de la ville.

Nous verrons qu'alors le pouvoir fixe le minimum de salaire des professeurs et le nombre de ceux qui jouiront de cette subvention municipale, mais laisse naturellement à l'assemblée de la ville le droit de les choisir.

Nous trouvons ce droit exercé non seulement dans les villes de Nicée, Nicomédie, Antioche, mais encore à Constantinople la ville impériale, à Athènes honorée des attentions du pouvoir. En chacune de ces cités en effet Libanius fut appelé ou reçut l'honneur d'un décret municipal. (1).

A son arrivée à Constantinople, Libanius trouve un sophiste cappadocien, que le sénat avait fait venir sur le bruit d'une lutte brillante qu'il avait soutenue. Les habitants de Nicée envoient à Libanius une ambassade et le comblent d'honneurs. Un décret du préteur de Bithynie l'appelle à Nicomédie pour complaire au vœu des habitants « Ceux-ci me demandaient, non pas faute de sophiste car ils en avaient un célèbre, leur compatriote, mais il se laissait emporter par son humeur et un jour il avait osé se vanter que le sénat était tout entier l'esclave des parents de ses élèves ». Alors pour le punir on le frappe d'un coup dont il se ressentira toujours en lui opposant Libanius.

Ce dernier ne revient à Constantinople qu'après des démarches instantes du sénat auprès du préteur qui lui-même demande l'intervention impériale. « D'accord avec la ville et les décrets qu'elle me prodigue, l'empereur me comble aussi de ses dons, les uns purement honorifiques, les autres qui m'attribuaient un revenu, de sorte que sans avoir

---

(1) Les détails qui suivent sont empruntés au discours de Libanius *sur sa Fortune.*

souci de la culture de la terre je jouissais de tout ce qu'elle rapporte aux laboureurs ».

Stratégius qui vient d'être nommé gouverneur de la Grèce, attristé du malheureux état des écoles s'adresse ainsi aux Athéniens : « Vous qui passez chez tous les peuples pour les inventeurs et les maîtres de l'agriculture, vous ne voyez aucun inconvénient à tirer vos grains du dehors ; si vous faites de même pour l'éloquence, croyez-vous que votre gloire sera compromise ? ». Le sénat comprit et rédigea sur le champ le décret qui appelait Libanius.

Nous voyons aussi ce rhéteur intervenir à Antioche pour faire augmenter le salaire d'un sophiste son rival et son ennemi, et une autre fois plaider devant le sénat la cause de tous les rhéteurs.

Eunape dans la *Vie de Proérésius* signale ainsi l'élection du successeur de Julianus « A la mort de ce dernier, Athènes s'empressa de choisir le professeur qui hériterait de ses privilèges ; très nombreux furent les concurrents qui s'inscrivirent. Furent désignés par les suffrages de tous : Proérésius, Héphestion, Epiphane et Diophante ; on y ajouta clandestinement et illégalement Sopolis, et par des procédés encore plus indignes, Parnassius (1).

Que signifie ce choix de six successeurs ? Y eut-il partage du traitement et des fonctions ou de

---

(1) Eunape, *Vie de Proérésius.*

nouvelles chaires furent-elles créées ? Eunape se contente de cette réflexion « D'après la volonté des Romains il devait y avoir à Athènes de nombreux orateurs et de nombreux élèves ».

C'est donc l'assemblée municipale qui par délibération, décret ou ambassade manifeste le choix qu'elle a fait des professeurs officiels, réclame l'appui des représentants de l'empereur, préteur ou gouverneur, sollicite même l'intervention impériale. Il semble qu'alors le rhéteur ne peut refuser la nomination : Libanius ainsi appelé à Constantinople dut employer pour éviter d'y retourner, médecins, préteur et personnages influents.

Sur quoi se base le choix ? Rien ne nous autorise à croire à un concours, à un jugement par les pairs (1). Tantôt le rhéteur en possession de privilèges désigne son successeur et le recommande ; tantôt c'est un enfant de la ville qui est allé faire ses études à Athènes, Constantinople, Antioche et qui a l'appui de sa famille et de ses amis ; ou encore c'est un rhéteur célèbre, vainqueur dans un tournoi d'éloquence, un professeur qui est venu fonder une école et que des succès désignent à l'honneur d'une nomination officielle. Evidemment les intrigues, les influences des hommes au pouvoir exercent leur action, mais le champ n'en

---

(1) Naudet (*Mém. de l'Acad. des Inscrip. T. IX*) affirme le contraire sans donner un texte à l'appui.

reste pas moins libre et plein d'espérance pour le talent.

Le droit de nommer entraîne le droit de révoquer. Cependant je n'ai pas trouvé trace de révocation et la conduite du sénat de Nicomédie est assez curieuse : il ne révoque pas le rhéteur insolent, il se contente de lui opposer un rival. Ailleurs aussi nous rencontrons des professeurs indignes et honnis, sans qu'ils soient pour cela révoqués.

Nous voyons bien le préfet de Constantinople Liménius frapper Libanius d'interdit et par lettres lui fermer les portes de Nicomédie, mais cela n'empêche pas peu après le sénat de la ville de l'appeler.

Inutile d'insister sur cette décentralisation de l'instruction publique et ses immenses avantages : la facilité de choisir les maîtres, de les connaître, d'en faire les serviteurs dévoués de la ville qui les nourrit et les honore.

Contre le péril des influences administratives et des préférences dangereuses, reste la précieuse ressource des professeurs libres.

Auprès du professeur officiellement reconnu, tout citoyen pouvait à son gré, à ses risques et périls ouvrir une école. Nul examen n'était requis, nul contrôle exercé. Quiconque avait du savoir et du talent, s'installait dans une ville, conviait le public à ses déclamations, défiait à des joutes oratoires les professeurs attitrés. Parfois il emportait l'avantage et alors son concurrent nanti gardait titre et dotations, mais voyait ses élèves le quitter pour s'attacher à son rival.

Dans toutes les grandes villes nous trouvons ainsi l'enseignement libre concurremment avec l'enseignement que nous nommerons officiel. Ce régime tenait en haleine tous les professeurs et les obligeait au travail. A la fin du IV° siècle une constitution de Théodose les affranchit de ces inquiétudes salutaires et de ces espoirs encourageants : elle supprime les chaires privées qui faisaient échec aux chaires des professeurs reconnus, et ces derniers délivrés de l'aiguillon de la concurrence purent s'endormir avec sécurité dans la douce béatitude du monopole (1).

A Rome, la culture intellectuelle, on le sait, tient peu de place dans les préoccupations générales jusqu'à la conquête de la Grèce et l'arrivée en Italie de ces maîtres étrangers qui viennent à leur manière prendre la revanche de leur défaite.

Aussi nulle trace, sous la République, d'écoles, ni pour les patriciens ni pour les plébéiens. La seule mesure législative est l'édit des censeurs (662) qui interdit l'enseignement de la rhétorique et de la philosophie (2).

Cicéron résume exactement l'action de l'Etat jusqu'à l'avènement d'Auguste : « Nos ancêtres n'ont

---

(1) C. Th. XIV, IX 3.
(2) Suet, *de clar rhet.* I; A. Gelle XV, 11.

pas voulu que l'éducation, objet de tant d'infructueuses tentatives chez les Grecs, et le seul point sur lequel Polybe, notre hôte, accuse de négligence nos institutions, fut réglée et tracée par la loi, ni soumise aux regards du public, ni la même pour tous » (1).

Donc les études ont à Rome un caractère d'absolue spontanéité et de liberté, malgré le mot de Suétone que nous ne pouvons appuyer sur aucune preuve : « Nos ancêtres ont établi le programme des études de leurs fils et les écoles qu'ils devaient fréquenter » (2). Le respect de la liberté est tel que sous la dictature de Sylla, Laberius reçoit gratuitement les enfants des proscrits sans être inquiété (3).

C'est à la famille que l'éducation est confiée sans réserve. Le grand principe essentiellement latin des droits de la famille, du caractère absolu de la puissance paternelle sauvegarde ici la liberté.

Auguste lui-même, qui s'ingéra avec tant de rigueur dans le droit de la famille, ne toucha cependant pas aux questions d'éducation. « Il est curieux de constater que l'Etat romain, alors même qu'il s'efforçait à coup de lois somptuaires et nuptiales de réagir contre la décadence des mœurs antiques, s'abstint absolument d'intervenir dans l'éducation

---

(1) *De Républ.* IV, 3.
(2) *De clar. rhetor.* XV, 11 : *majores nostri quæ liberos suos discere et quos in ludos itare vellent instituerunt.*
(3) Suet. *De ill. gramm.*

de la génération nouvelle. Et pourtant le principe indiscuté chez les Anciens qui subordonnait à l'Etat l'existence de l'individu eut à Rome, au même titre qu'à Sparte et à Athènes, rendu légitime une semblable intervention dans le gouvernement de la jeunesse » (1).

Donc la liberté pour tous sans protection spéciale, tel est le régime ; et, la remarque s'impose, le siècle d'Auguste, l'apogée de la littérature latine, est fils de la liberté.

Hors l'action de l'Etat, le Romain au génie pratique, plus soucieux de combattre pour ses intérêts et de les défendre que de cultiver son esprit, s'est laissé séduire par les charmes des lettres, de l'éloquence. Le fier citoyen a laissé l'étranger pénétrer chez lui ; le vainqueur s'est assis devant la chaire où enseignait le grec vaincu. Un jour un chevalier romain se faisant professeur émancipera les autres maîtres (2). Rome comptera peu d'œuvres absolument originales, mais laissera des noms que l'humanité civilisée placera auprès des plus grands des autres littératures. Tant est puissant l'attrait des lettres, tant est féconde la liberté !

Une autre période bien marquée s'ouvre d'Auguste à Julien. La liberté reste d'ordinaire sauvegardée, mais les professeurs connaissent les encouragements et les récompenses du pouvoir.

---

(1) Marquardt. *La vie privée des Romains.* T. I., Ch. III.
(2) Senec. *Controv. II præf.*

Voici les principales mesures prises par les Empereurs.

César donne aux rhéteurs, presque tous grecs le droit de cité (1). Vespasien leur assure (qu'ils soient grecs ou latins) un salaire, de même Adrien (2) qui les protège avec encore plus de soin et laisse même quelques avantages aux professeurs qu'il doit révoquer.

C'est encore Adrien (3), croyons nous, qui fonde la première école publique l'Atheneum (4); avant lui Vespasien le premier avait créé des chaires et les avait dotées avec l'argent du trésor public (5). Antonin fonde des écoles de philosophie et d'éloquence dans les provinces (6); Marc Aurèle restaure celles d'Athènes (7) Alexandre Sévère est le seul signalé comme ayant bâti des écoles et donné des pensions à des enfants pauvres (8).

Adrien, Antonin, Vespasien et Constantin accordent aux maîtres les diverses exemptions des charges municipales et des obligations créées par le droit de cité, dont ils ne gardent que les privilèges (9). Constantin les déclare exempts de toutes

(1) Suet. *J. Caes.* § 42.
(2) Suet. *Vesp.* § 18. *Le traitement est de 100 grands sesteces (20,400 f.)*
(3) Spartien. *Hist. Aug.*I. 159; Juv. *Sat.* VII, 1-21.
(4) Aurel. Victor. *In Adriano.*
(5) Loc. citat.
(6) Jul. Capit. *in. Pio* p. 21.
(7) Dio. Cass., p. 195.
(8) Lamprid. *in Alex.*
(9) Dig. lib. L., tit. IV l. ult ; lib. XXVII tit. I, l. 6

les fonctions et obligations publiques ; il évoque même à son tribunal les affaires où ils sont incriminés (1).

Antonin avait fixé selon l'importance des villes le nombre des rhéteurs qui devaient bénéficier des privilèges (2).

Il faut cependant noter que seuls les rhéteurs, les médecins, les grammairiens sont ainsi favorisés par la loi.

Quant aux philosophes, d'abord négligés, ils étaient vite devenus suspects : Mucien les traite de séditieux (3) ; ils sont enfin proscrits par Domitien dont la grande figure d'Epictète ne réfrène pas la tyrannie (4).

Telles sont, si nous y joignons la faveur accordée aux étudiants de l'exemption des charges publiques jusqu'à vingt ans (5), les seules interventions de l'autorité impériale, rares et toutes de même caractère. Honorer et protéger les professeurs, leur assurer une situation digne et respectée, c'est le souci bien légitime des empereurs, comme il doit l'être de tout pouvoir. Auprès on ne peut signaler aucune intervention dans les questions de programmes, ni dans le choix des professeurs.

---

(1) C. Th. XIII, 3,1.
(2) Dig. lib. XXVII tit. I, l. 6.
(3) Dio. p. 1087.
(4) Suèt. *in Domit.*, 10.
(5) Cod. Theod. XIV, tit. IX, 1.

Avec l'empereur Julien le pouvoir prend une attitude nouvelle à l'égard des écoles. Nous sommes en plein IV⁶ siècle et nous voici en présence de deux actes de cet empereur excessivement importants puisqu'ils sont la première main-mise du pouvoir sur l'instruction, la première affirmation d'un enseignement d'État et du droit supérieur du gouvernement à choisir les professeurs. L'Empereur interdit d'enseigner ce qu'on ne croit pas, il oblige les villes à lui soumettre le choix des professeurs.

C'est parmi les lettres et non sous la forme d'un édit que nous trouvons la grave mesure prise contre les maîtres. La voici dans son entier à cause de son importance.

« J'appelle une saine doctrine, non celle qui consiste en un heureux choix de paroles et dans l'harmonie d'une belle langue, mais celle qui maintient l'âme dans une bonne disposition et lui donne un juste notion du bien ou du mal, du beau ou du laid. Celui donc qui enseigne une chose à ses disciples pendant qu'il en pense une autre, celui-là est aussi éloigné de faire un bon maître qu'un honnête homme. Si cette différence de la parole et de la pensée ne porte que sur un objet de peu d'importance, le mal existe toujours quoique dans une faible mesure. Mais s'il s'agit de choses graves et qu'un homme sur de tels sujets enseigne autrement qu'il ne pense n'est-ce pas là faire de l'enseignement un trafic, non un commerce honnête, mais une fraude criminelle. Car en enseignant ainsi les choses qu'ils méprisent, de tels hommes attirent par de trompeuses amorces et de fausses louanges, ceux à qui ils veulent plus tard communiquer leurs propres vices.

Tous ceux donc qui veulent faire profession d'enseigner, doivent être d'abord irréprochables dans leurs mœurs et se garder de mettre en avant des opinions qui s'écartent des croyances populaires, mais ceux-là surtout doivent se montrer tels, qui enseignent l'art de discourir aux jeunes gens et qui les guident dans l'interprétation des livres anciens, soit rhéteurs, soit grammairiens ; plus que tous, les sophistes, qui veulent être professeurs non seulement de langage mais de bonnes mœurs et qui disent que la philosophie qui enseigne à diriger la chose publique fait partie de leur art. Que cela soit vrai ou non, n'en discutons pas pour le moment. Je les loue de si nobles prétentions, mais je les louerais surtout s'ils ne trompaient pas leur public en apprenant à ceux qui les écoutent le contraire de leurs opinions.

Que vois-je en effet ! Homère, Démosthène, Hérodote, Thucydide, Isocrate ne reconnaissent-ils pas tous que les Dieux sont les pères et les guides de toutes les sciences ? Ne se croyaient-ils pas tous consacrés, les uns à Mercure, les autres aux Muses ? N'est-il donc pas absurde de voir que ceux-là même qui interprètent les livres de ces grands hommes insultent les Dieux qu'ils ont honorés ? Je trouve cette conduite insensée, non cependant que je veuille contraindre ceux qui la tiennent à changer de sentiment mais je leur donne le choix ou de ne plus enseigner ce qu'ils réprouvent, ou s'ils persistent à enseigner, de convenir alors eux-mêmes, et de redire à leurs disciples que ni Homère, ni Hésiode, ni les autres écrivains qu'ils interprètent ne sont coupables d'impiété, de démence ou d'erreur comme on les en accuse. Car enfin ils vivent des œuvres de ces écrivains ; c'est leur gagne-pain ; et c'est se reconnaître soi-même pour les plus avares des hommes que d'enseigner pour quelques drachmes ce qu'on croit être le mensonge.

A la vérité jusqu'aujourd'hui il y avait plus d'une raison pour ne pas fréquenter les temples des dieux : une crainte partout répandue pouvait altérer les vraies notions de la divinité. Mais puisque enfin les Dieux nous ont rendu la liberté, il me paraît absurde que les hommes enseignent ce qu'ils ne tiennent pas pour vrai. S'ils reconnaissent quelque sagesse dans ceux dont ils interprètent les œuvres, qu'ils s'étudient d'abord à imiter leur piété envers les Dieux. Que si vous pensez au contraire que toutes ces opinions sont fausses, allez alors aux églises des Galiléens et interprétez Matthieu et Luc. C'est là que vous apprendrez à vous abstenir des choses sacrées. Quant à moi je désire que vous régénériez, comme vous dites, vos oreilles et votre langue par ces leçons divines dont s'il plaît à Dieu, je ne m'écarterai jamais, non plus que ceux qui m'aiment. Voilà donc la loi que j'établis pour les professeurs et pour les maîtres.

Quant aux jeunes gens qui veulent suivre les cours, je ne les en empêche pas, car il ne serait pas juste d'écarter du bon chemin ceux qui ne savent dans quelle voie ils veulent marcher et de les retenir de force dans les coutumes de leurs parents. Il serait juste au contraire de les traiter comme des insensés et de les guérir malgré eux. Mais nous avons pardonné à tous cette maladie et il vaut encore mieux, je crois, éclairer que punir les insensés » (1).

La forme même de ce décret, l'allure emportée du style, l'hésitation devant l'action sur les étudiants, prouvent que l'amour de l'hellénisme et de la sincérité n'aveuglaient pas Julien sur l'importance de la mesure, suite logique des grands progrès de la centralisation créée par le fonctionnarisme de Dioclétien et favorisée par les théories orientales du pouvoir absolu.

Menace directe pour quelques très rares chrétiens, cette lettre était surtout un rappel au devoir adressé à ces nombreux professeurs sceptiques ou indifférents, qui n'expliquaient pas sans rire, comme les augures autrefois, les fables païennes, aussi peu soucieux de religion que de moralité.

Il faut y voir plutôt un attentat à la liberté de la pensée qu'à la liberté de la conscience. C'est une mesure préventive contre les chrétiens « il ne faut

(1) *Ep. 42.* Edit. Teubner.

pas poursuivre les Galiléens contre le droit et la justice, mais toujours leur préférer « les hommes pieux ». C'est une mesure active contre les maîtres païens, infidèles à leur mission aux yeux de l'empereur. Par là s'expliquent la dure qualification d'Ammien Marcellin (1), l'opposition des maîtres païens, hormis les privilégiés, l'irritation croissante de Julien contre les professeurs et les prêtres du paganisme, les invectives qu'il leur adresse.

Ainsi d'une pensée étrangère au culte pur des lettres, d'un vouloir de réforme religieuse et morale, d'une idée de précaution menaçante contre des adversaires religieux, sur un terrain hélas trop propice à germer le despotisme, avec les décadences et le byzantinisme, naquit pour la lutte l'Etat maître d'école.

C'en était fait et pour longtemps de la liberté ! L'arme est trop puissante pour qu'un gouvernement consente à s'en dessaisir, je ne préjuge pas d'ailleurs les nécessités que plus tard créeront les évolutions successives des formes sociales. Peu après Julien, le christianisme, peu soucieux de culture intellectuelle jusque-là, utilisera l'arme dont on l'avait menacé et pendant des siècles tiendra dans un cadre, déterminé par l'Eglise, héritière de l'Empire, l'esprit humain asservi, limitera le champ du savoir et contrôlera « les opinions qui s'écartent des croyances chrétiennes devenues

(1) *Perenni obruendum silencio.* Amm. Marc. XXII, 10, XXV, 5.

croyances populaires » sur les dogmes d'une théologie étroite parce que systématique. La philosophie longtemps reine devient vassale ; les sciences qui commençaient à prendre leur essor, réputées dangereuses, sont arrêtées ; le culte du beau, l'idolâtrie glorieuse qu'avait voulue sauver Julien n'a plus d'adorateurs... Jusqu'à ce que, au contact de la Renaissance et sous le vigoureux effort d'émancipation de la Réforme, la liberté revint dans les âmes... pour de là peu à peu rentrer dans les institutions et les mœurs.

La sanction de la mesure prise par Julien est dans le second décret qui rappelle que les professeurs seront désignés par les magistrats municipaux, mais que leur choix devra être soumis à l'empereur « afin, disait-il, que son approbation donnât un titre de plus à l'élu de la cité » (1). Les actions et les écrits de Julien respirent trop la sincérité pour qu'on la puisse mettre en doute, mais vraiment elle prend parfois des formes bien ironiques ! (2).

---

(1) C. Théod. XIII, tit. III, l. 5 : « Ensuite on me soumettra la délibération de l'assemblée municipale pour que l'honneur de notre autorisation ajoute un plus grand lustre aux écoles des cités ».

(2) « Contentez vous de croire et cessez de vouloir connaître puisque votre philosophie n'a qu'un mot : croyez ».

« L'intérêt de l'Etat exige que les coupables soient punis de mort. Je ne puis donc confier le glaive à ceux à qui leur loi interdit d'en faire usage ».

La première loi fut rapportée par Valentinien qui lui substitue cette prescription plus libérale. « Que tous ceux que leur vie et leurs talents rendent propres à instruire la jeunesse aient le droit d'ouvrir de nouveaux auditoires ou de reprendre ceux qu'ils avaient dû quitter. »

Les règlements de Valentinien, Valens et Gratien sur la police des écoles ; les prescriptions bureaucratiques concernant les étudiants pour sauvegarder « la dignité des études libérales » ; le curieux décret de Théodose sur ce même sujet attestent que l'Empire n'abandonne pas toutes les théories de Julien.

Trente ans plus tard, c'est la fondation de l'école de Constantinople (1), création impériale ; les professeurs fonctionnaires d'Etat y donnent l'enseignement de l'Etat... L'idée de Julien est logiquement développée car une loi interdit d'ouvrir d'autres écoles publiques... L'école est abaissée au rang des services gouvernementaux et avec la liberté l'idéal s'en va lentement. Du moins avec Julien était-elle encore servante de cet hellénisme de compréhension si large, belle religion des lettres ; avec Théodose, c'est au service du seul Etat, forme naturellement variable, de sa religion et de sa morale qu'elle est vouée. L'Etat tient en main les étudiants, les programmes, les maîtres ; c'est l'heure des décadences ! C'est l'amoindrissement,

---

(1) C. Théod. XIII, 3, 6 ; VIII, 8, 1 ; XIV, 9, 3.

ce sera parfois l'affaiblissement avec la servitude. Le monopole dont cet enseignement du pouvoir a besoin pour se défendre est une tare de plus et un danger : il écarte les vivifiantes ardeurs de la concurrence et les souffles féconds et sacrés de la liberté.

Il est vrai que c'est peut-être grâce à cette organisation légale que les écoles ont pu résister à l'envahissement des barbares et subsister portant en ces bouleversements les germes, si amoindris soient-ils, de la civilisation de l'avenir.

CHAPITRE DEUXIÈME.

Les programmes.

L'absolue liberté laissée aux maîtres dans le choix des matières et des procédés d'enseignement ne laisse pas moins subsister un programme ordinaire d'études que la nécessité et l'usage imposent. Ce chapitre est consacré à ce programme.

Trois écoles successives présentent à l'enfant le cycle complet du savoir : l'école du premier maître, celle du grammairien, celle du rhéteur. Nous allons voir ce qu'on enseigne en chacune d'elles.

§ I. *L'Ecole du Premier Maître.*

A l'âge de sept ou huit ans, l'enfant est mis entre les mains du *litterator* ou premier maître : c'est notre école primaire. Le programme est simple : lire, écrire et compter (1). Il répond aux besoins essentiels de tous. Etudions le un peu plus en détail.

Tertullien décrit ainsi la fonction du maître : former les lettres, assouplir la voix, apprendre à se servir des jetons (2) : or ici l'assouplissement de la

(1) S. August. *Confess.* I, 13.
(2) *Informator litterarum, edomator vocis, primus numerorum arenarius.*

voix indique clairement, que la lecture comporte quelques notions de musique.

L'écriture suppose d'abord la connaissance des signes usités. Les relations commerciales, l'importance acquise alors par la langue latine obligent ceux qui resteront même dans les degrés inférieurs de l'administration, ou aspirent à devenir secrétaire de quelque riche citoyen ou de quelque commerçant, à avoir une certaine connaissance des lettres latines. Evidemment, c'est aux lettres grecques qu'on donne le plus de soin et ici le travail est double : étudier les lettres ordinaires de l'alphabet, ensuite les abréviations ou *notæ*, dont l'emploi à cette époque devient fréquent, et qui selon l'expression de Sidoine Apollinaire, (1) expriment ce que ne peuvent exprimer les lettres. Quelques points, des figures d'animaux, des nœuds, des roues tortueuses, des points disposés en saut de chèvre forment cette écriture qui au début était secrète, mais qu'aujourd'hui on emploie pour plus de rapidité (2).

Ces lettres latines ou grecques, ces signes sont reproduits par l'enfant, puis groupés en mots et en phrases, tantôt avec le pinceau, tantôt avec le stylet. St Jérôme va nous faire assister à une leçon d'é-

---

(1) « *Comprehendebant signis quod litteris non poterant* » Sid. Apoll. *IX Ep. 8*.
(2) « *Punctis peracta singulis*
    Ut una vox absolvitur ». Aus. *Epigr.* 133.

criture « Lorsque Paula, d'une main tremblante, commencera à promener son stylet sur la cire, que la main du maître placée sur la sienne la dirige ou que sur la tablette un modèle soit gravé afin que ses pas suivent le même sillon retenus par les marges et ne puissent s'en écarter. Faites lui assembler les mots en lui proposant des prix et en lui donnant pour récompense ce qui plaît à son âge ». (1)

L'écriture fut d'ailleurs toujours en grande faveur dans l'antiquité, faveur d'autant plus compréhensible que cet art était d'une importance excessive puisque par lui seul se conservaient et se reproduisaient les lois et les œuvres littéraires des maîtres. Auguste s'était réservé le soin de veiller sur l'écriture de ses petits-fils « il ne s'attacha à rien aussi soigneusement qu'à leur faire imiter la sienne » (2).

Il semble que depuis le IIIe siècle, le goût de la calligraphie augmente encore. (3) C'est alors que le travail des copistes habiles se dédouble et qu'aux *librarii* (4) qui transcrivent tous les écrits s'adjoignent les *antiquarii* qui n'écrivent que les œuvres de l'antiquité. C'est chez ces derniers que

(1) *Lettre à Léta*. Le même procédé est indiqué dans Platon *Protagoras* I, 325. Maxime de Tyr *Dissert.* VIII, t. I, 132, Ed. Reiske.
(2) Suétone, LXIV.
(3) « της του Καδμου και Παλαμηδις τέχνης δημιουργος ». Thémist.
(4) « *Scribunt nova et vetera* » Isid.

Cassiodore et Ausone admirent la beauté des traits. Déjà alors on employait la plume facilement élégante des jeunes filles. (1)

Vient la lecture, science complexe qui suppose la connaissance et le groupement des lettres, l'exacte et intelligente décomposition des phrases, enfin la prononciation convenable.

Jérôme encore nous dit comment l'enfant apprend à connaître ses lettres : « Mettez-lui entre les mains des lettres en buis ou en ivoire ; faites-lui en connaître les noms ; elle s'instruira ainsi tout en se livrant à ses jeux. Mais il ne suffira pas qu'elle sache de mémoire le nom de ces lettres et qu'elle les appelle de suite ; vous les mêlerez souvent ensemble, mettant les dernières au commencement et les premières au milieu, afin qu'elle les connaisse mieux de vue que par leurs noms (2) ».

Puis c'est le travail spécial de l'assouplissement de la voix : son importance est celle du rôle de la voix dans les discours et les chants en Grèce. Rome elle-même, qui ne reproduit que faiblement les tendances d'Athènes, a aussi dans ses écoles cet exercice, sur lequel Quintilien nous a laissé des notions précises (3). « Il ne sera pas indifférent non plus pour délier la langue des enfants et leur donner

---

(1) « *Nec pauciores librarii cum puellis ad eleganter scribendum exercitatis* » Euseb. *de Origene*.
(2) *Lett. à Léta.*
(3) Quint, *Inst. Orat.* I, 1, 37.

une prononciation distincte, d'exiger qu'ils développent le plus rapidement possible certains mots et certains vers d'une difficulté étudiée, formés de syllabes qui se heurtent entre elles d'une manière choquante : ce que les Grecs appellent χαλεποι. Ce soin peut paraître minutieux. Cependant, si on l'omet, beaucoup de défauts se produisent et acquièrent une tenacité incurable pour l'avenir ». Il faut veiller à ce que la bouche garde sa forme et sa beauté que la voix soit assez souple pour varier avec les mille inflexions de ces phrases aux multiples accents ; que la prononciation ne laisse rien perdre ni du sens des phrases ou des vers, ni de la sonorité brillante de cette langue qui, semblable au cristal, n'a que des vibrations harmonieuses et naturellement chante.

C'est pourquoi, après la lecture et l'écriture, venait la lyre en cette première éducation grecque qui avait nommé Musique la culture intellectuelle. Nul doute qu'au IVe siècle, les premières notions de musique n'aient conservé leur place dans l'école du premier maître : sa grande utilité pour la formation de l'oreille et de la voix, le goût musical dont nous verrons le grand développement, nous le font légitimement supposer.

Le calcul non moins universellement nécessaire que la lecture et l'écriture venait ensuite. Si les Romains furent toujours réfractaires à l'arithmétique (1), les Grecs et Orientaux y excellè-

(1) Cic. *Tusc.* I, 2.

rent. Pythagore en avait de bonne heure inventé l'ordre et la forme scientifique (1) et l'on sait la tendance actuelle à restituer à la Grèce Orientale certaines inventions attribuées autrefois aux Arabes et aux Hindous.

Nous n'insistons pas sur les doctrines de Pythagore sur les nombres doctrines qui revivent au IV° siècle grâce aux influences de la Cabbale et du gnosticisme (2) : la théorie des nombres pairs, femelles, des nombres impairs, mâles ; l'unité est la semence ; quatre est le nombre parfait, le symbole de la justice ; cinq représente la couleur ; six le froid ; sept, l'esprit, la santé, la lumière ; huit, l'amour, l'amitié (3). Meursius a relevé ainsi plus de trois cents noms applicables aux 10 premiers nombres.

Ces théories étranges qui, avec tant d'autres superstitions, reparaissent au IV° siècle, n'en favorisent pas moins les études arithmétiques.

La numération à cette époque s'exprime par les lettres de l'alphabet. On y ajoute pour indiquer 6 le stigma ς ; 90 le signe ϙ et ϡ pour indiquer 900. Dix mille s'exprime par M et avec Diophante et Pappos par Mυ (les deux premières lettres de Μυριος)

---

(1) Aristot. *Metaph. I*, § 5.
(2) Vincent, *note sur l'origine de nos chiffres et sur l'Abacus des Pythagoriciens* (Journal des Mathémat. année 1839.
(3) *Denarius Pythagoricus.*

Une lettre sur le M indique le multiple de dix mille $\overset{\varepsilon}{M}$ = 20.000. Pour écrire les nombres on applique la théorie de la valeur de position.

Ainsi α = 1, ρ = 100 ; ϙ = 1000, β = 2.000, M = 10.000, $\overset{\varepsilon}{M}$ = 20.000 et 43.678 s'écrit $\overline{\delta M,\gamma\chi o\eta}$. Le trait horizontal sert ainsi à indiquer les nombres.

Les classes ou tranches sont de quatre chiffres. Quant à l'ordre d'unité vacant marqué par notre zéro, il est indiqué alors par une barre verticale : Jamblique dit qu'elle vient du système hiéroglyphique des Egyptiens — ou par le mot ουδεν, ou par un point (ne serait-ce pas là ou dans l'omicron o employé par les astronomes que se trouverait l'origine du zéro) ?

Leur notation ressemblait à celle que nous employons pour les nombres complexes. L'uniformité de leur échelle décimale ou sexagésimale leur donnait un avantage sur la nôtre.

Ils font leurs opérations, les mêmes que les nôtre, de gauche à droite.

Le système des proportions comprend la proportion arithmétique ou par différence, la proportion géométrique ou par rapport, l'harmonique dans laquelle l'excès du premier terme sur le premier moyen a le même rapport avec l'excès du deuxième terme sur le deuxième moyen, que le premier terme avec le quatrième.

De même pour les moyennes encore plus développées et plus variées. Cette grande variété servait surtout à définir les rapports des sons dans la musique mathématique. (1)

Ils connaissent aussi le carré : le cube, les racines. Les fractions plus petites que l'unité si elles ont 1 pour numérateur, sont représentées par le chiffre du dénominateur avec un ou deux accents à droite v. g. $\frac{1}{5} = ε', \frac{1}{44} = μδ''$; si elles ont un autre chiffre pour numérateur, ou bien on écrit le numérateur avec un accent puis le dénominateur deux fois avec deux accents v. g. $\frac{13}{29} = ιγ'κθ''κθ''$ — ou le dénominateur avec accent à droite au-dessus du numérateur avec accent surmonté d'une barre $\frac{9}{11} = \overline{θ ι α}$ ou simplement le dénominateur au dessus du numérateur $\overset{ια}{θ}$ — ou encore on décompose la fraction en deux ou plusieurs qui ont l'unité pour numérateur.

Certains nombres fractionnaires ont des expressions spéciales — les autres ou se représentent comme de simples fractions, ou mettent à la suite du chiffre exprimant l'unité ou les unités le chiffre de la fraction qui reste.

Hors le calcul écrit sur les tablettes, les Grecs ont aussi leurs procédés de calcul : l'un le comput digital ; « l'abaque naturel », est absolument inconnu dans nos écoles ; l'autre, l'abaque fut

---

(1) Nesselmann, *Algebra der Griechen*.

longtemps aussi ignoré. Naturellement déjà alors existe le procédé vocal, l'horrible refrain dont parle St. Augustin « Un et un font deux, deux et deux font quatre ». La table de multiplication de Victor est aussi d'une grande utilité : (1) il ne la faut pas confondre avec la table de Pythagore qui est la première forme de l'abaque, mais consiste en un tableau de nombres destiné à faciliter les opération compliquées de la multiplication et de la division.

L'abaque, table à calcul qu'on pose à plat sur un meuble et avec lequel se font les diverses opérations comprend deux systèmes ; les cailloux et les boutons mobiles

Le premier constitue un procédé assez long. Il s'était perfectionné par l'introduction de 7 lignes probablement horizontales et qui représentaient la première les milliers, la deuxième les demi-milliers, la troisième les centaines, la quatrième les demi-centaines, la cinquième les dizaines, la sixième les demi-dizaines, la septième les unités.

Le boulier de nos écoles avec ses fils de fer portant des boules de différentes couleurs en est une reproduction simplifiée. D'ailleurs il nous vient de Russie : c'est le tschotû, qui y est fort en usage et qui fut introduit en France au début de ce siècle après les campagnes de l'Empire.

Le swan-pan chinois n'est pas non plus sans ressemblance avec l'abaque. D'origine fort an-

(1) Heath. *Diophantos of Alexandria*

cienne cette machine à compter est asiatique et fut importée en Europe par les Mongols. Des séries de cordons rapprochées représentent unités, dizaines, centaines, mille. Les cordons remplacent les lignes écrites ; les groupes et leurs interstices sont comme des colonnes vides remplies par des unités, figurant les multiplicateurs ou indices : C'est l'application de la valeur de position.

L'abaque à boutons mobiles est plus perfectionné. Fut-il usité en Orient ? nous l'ignorons.

L'abaque grec découvert dans l'île de Salamine mérite notre attention. « Il consiste en une plaque de marbre longue de 1 m. 50, large de 0,75, sur laquelle sont tracées une première série de cinq lignes parallèles, puis une autre série de onze lignes coupées en deux parties égales par une ligne transversale, avec des croix au point d'intersection de la troisième, de la sixième, de la neuvième. Sur trois côtés et dans le même ordre, sont rangées deux séries de onze caractères et une de treize qui présentent une échelle qui va de la plus faible unité monétaire, le chalque, à la plus forte, le talent. Le calculateur place des jetons sur les bandes formées par l'intervalle des lignes creusées dans le marbre, jetons qui changent de valeur selon la place qu'ils occupent semblables aux favoris des rois, dit Solon, ils valent tantôt un chalque, tantôt un talent »(1).

Vient le comput digital. Rien de plus naturel

---

(1) Daremberg et Saglio. *Dict. des Antiquités.*

que cet emploi de la main : ce fut le premier procédé de calcul ; c'est de la main que vient le système de numération décimale ; le Protée d'Homère compte par cinq les phoques qu'il conduit (1). De là aussi en Orient et à Rome une arithmo-mimique qui a le grand avantage de s'adresser à tous les esprits, cultivés ou non.

J'extrais du Traité de mathématiques de don Juan Perez de Moya la description de ce procédé ignoré d'un grand nombre et cependant fort curieux: « De la manière de compter des anciens avec les doigts des mains et autres parties du corps » (2).

Les anciens comptaient avec les doigts de la main gauche jusqu'à 99 et avec ceux de la main droite les nombres au-dessus de 100 (3).

Pour indiquer 1, plier le petit doigt de manière qu'il touche la paume de la main — 2, plier le petit doigt et celui qui le suit (l'annulaire, ou le médecin comme on le nomme alors) — 3, plier le petit doigt, l'annulaire, et l'index — 4, lever le petit doigt en laissant les autres pliés — 5, l'index seul reste plié — 6, l'annulaire seul est plié. — Dans la même succession en pliant

---

(1) Odyss. IV, 412.
(2) Cf. *Bullettino di Bibliografia e di storia delle scienze matematiche e fisiche* (Boncompagni), 1858, Bède *De loquela digitorum*, Nicolas de Smyrne : *Description du comput digital*.
(3) «...atque suos jam dextra computat annos », Juv. Sat. X, 249. Macrobe, *Saturn. I*. Pline *Hist. nat.*, XXXIV, 7.

ces trois doigts d'une manière plus complète, on marque 7, 8 et 9 :

10, le bout de l'index est sur la jointure du milieu du pouce ;

20, l'ongle du pouce entre les racines de l'index et de l'annulaire ;

30, le bout du pouce sur le bout de l'index ;

40, le pouce sur l'index en croix ;

50, la paume et les doigts étendus en la forme ⌈ ;

60, l'index arrondi autour du pouce par le milieu ;

70, même position que 60, mais l'ongle du pouce doit être plus découvert ;

80, l'index sur le pouce à l'inverse de 40 ;

90, l'index plié et touchant la racine du pouce ;

Ainsi avec la seule main gauche les positions et flexions de pouce et de l'index indiquent les dizaines, celles des trois autres doigts les unités.

Avec 100, la main droite entre en exercice. Les signes d'unité à gauche sont à droite des signes de centaines ; les signes de dizaines à gauche sont à droite des signes de mille. Ainsi le petit doigt de la main droite plié vers la paume signifie 100, le pouce sur l'index en croix signifie 4.000.

Les positions diverses de la main gauche marqueront les dizaines de mille : ainsi la main à hauteur de la poitrine, la paume vers le ciel marque 10.000 ; la paume, vers la poitrine, 20.000 ; la paume vers la terre, 30.000 ; puis la main à la hauteur du nombril marque 40, 50 et 60.000 selon la situation de la paume ; à hauteur de la cuisse, les mêmes mouvements de la paume marquent, 70, 80, et 90.000.

Les mêmes positions de la main et les mêmes directions de la paume marquent à droite les centaines de mille.

Le million est indiqué par les doigts entrelacés.

On voit ainsi que la paume de la main forme une espèce de cadran sur lequel les doigts tour à tour s'abaissent ou se relèvent. Avec ces flexions, inclinaisons et combinaisons diverses, on arrive à un procédé de calcul relativement facile et à coup sûr fort ingénieux.

La double flexion que nous avons vue signalée, portait le nom de κλίσις lorsque les doigts s'allongeaient et se posaient sur le creux de la main, celui de συστολη, lorsque les phalanges forment comme un II.

Frochner a établi que les fameuses tessères d'ivoire où l'on avait cru voir des amulettes, des ex-voto, des marques de théâtre, étaient des jetons de jeu ou de comptoir. Un groupe de ces tessères porte d'un côté le chiffre, de l'autre, une main qui exprime, par la disposition des doigts, le chiffre du revers. La planche de 12 tessères qu'il a reproduite est fort curieuse (1).

Les manuscrits aussi, ont offert des figures représentant les gestes du calcul digital. Les savants connaissent le bas-relief ironique d'Isernia où le

(1) *Annuaire de la Société de numismatique*, année 1884.

voyageur règle son compte, et pour payer son pain, ses fruits, le foin de son âne, calcule sur sa main droite comme s'il s'agissait d'une forte dépense (1).

C'est au comput digital qu'il faut demander la clef de l'énigme de Symphosius (2) : « Vous tenez huit dans la main, ôtez-en sept, il restera six ». L'annulaire et le petit doigt inclinés marquent 8 ; en relevant le petit doigt dont l'inclinaison signifie 7, il ne reste que l'inflexion de l'annulaire qui vaut 6.

On attribuait aussi quelque symbolisme à ces exercices. Voici un curieux passage de saint Jérôme : « Le nombre 30 a rapport aux noces, et, pour l'exprimer, les doigts se joignent et pour ainsi dire s'étreignent en un tendre baiser, figure de l'époux et de l'épouse ; 60, marque la veuve écrasée de deuil et de tribulation, comme le pouce est écrasé par le doigt supérieur. Les mêmes gestes de la main droite forment un cercle, symbole de la couronne de virginité (3) ».

Nous avons signalé ces divers points parce que nous les savons peu connus : d'ailleurs, nul doute que dans les écoles, l'enfant ne soit initié à cette technique véritable, à ces instruments de calcul dont le maniement nous paraît difficile et qui sont alors d'un usage constant dans le commerce et d'une merveilleuse rapidité, si nous en jugeons

(1) *Bullettino arch. Napoletano*, T. VI, pl. 1.
(2) Frœhner, *Kritische Analekten* (Philologus, V, 7-8).
(3) *Advers. Helvid.*

aujourd'hui par l'habileté des marchands russes et chinois qui emploient des instruments similaires.

§ II. — *A l'école du Grammairien.*

L'enfant sait lire, écrire et calculer lorsqu'il vient boire la seconde coupe au festin des Muses. Des mains du grammatiste ou maître élémentaire, il passe chez le Grammairien qui va orner son esprit de connaissances variées (1).

L'âge des enfants, la durée des études et le programme indiquent une ressemblance assez sérieuse avec notre instruction secondaire.

Essayons de nous rendre compte brièvement de cet enseignement du Grammairien. Le premier livre des *Institutions Oratoires* de Quintilien est le guide indispensable ; j'y ajoute quelques notes cueillies dans les auteurs du III₀ au V₀ siècle.

Denys le Thrace, un des plus célèbres grammairiens grecs, nous donne, en quelques lignes précises, une idée complète de la grammaire : « Elle est la connaissance expérimentale de ce qui se rencontre le plus communément chez les poètes et les prosateurs. Elle comprend six parties : l'art de la lecture ; l'explication des tropes ; l'art de reconnaître les archaïsmes et les détails de mythologie et de géographie ; l'exposé raisonné des règles de déclinaison et de conjugaison ; la critique littéraire qui est la plus belle partie de l'art (2) ».

(1) Apulée, *Flor. 20.*
(2) Τέχνη γραμματική.

Selon le mot de Quintilien, on voit qu'elle possède en réalité plus qu'elle ne promet (1), et l'on ne peut s'étonner que les arts libéraux la considèrent comme « leur nourrice (2) ».

Nous n'en sommes plus à la notion de Platon qui la limite à l'étude des sons ou des signes (3), ce n'est rien moins que le cercle entier des connaissances humaines qu'il faut parcourir, la fameuse ἐγκυκλοπαιδεία, une initiation à tous les éléments du savoir.

Au début, la science grammaticale pure, sur laquelle nous avons peiné, se présente avec ses divisions obligatoires ; Phonétique, Lexicologie, Syntaxe, avec ses corollaires nécessaires, l'Accent et la Prosodie, avec sa nomenclature aride, ses minutieux et multiples détails, dont la jeunesse ne goûte guère l'intérêt et qui, cependant, constitue la science d'écrire et de parler sans offenser la langue.

Pour l'explication des poètes, le maître lit d'abord, l'élève répète et lorsqu'il a prononcé comme il convient, sans commettre aucune faute contre l'accent et la quantité, on reprend le passage et l'on essaie de se rendre compte de tout.

Ici s'ouvre devant le maître un champ immense où il devra montrer la science de l'érudit, le goût

---

(1) *Inst. Or.*, I, 4, 2. « *Plus habet in recessu quam fronte promittit* ».
(2) « *Artes liberales grammaticam quasi nutricem præ foribus collocant* », cit. par Gronov.
(3) στοιχεῖα καὶ γράμματα.

du littérateur, sans nuire à la simplicité, à la clarté de la leçon.

Lorsque, avec les données ordinaires de la grammaire, l'enfant a compris les termes et les constructions, il lui faut encore, pour une compréhension plus parfaite, étudier l'origine du mot, son sens spécial dans l'auteur qu'il a entre les mains, le fixer dans l'esprit par des rapprochements sérieux. L'érudition grecque a, du reste, depuis longtemps, recueilli des matériaux précieux en des lexiques spéciaux d'auteurs, Homère, surtout, et Démosthène, ou en des dictionnaires de synonymes, ou en des dictionnaires de dialectes (1).

Les difficultés grammaticales résolues, reste l'obscurité des idées et des faits, les points difficiles à élucider qui résultent des mots étrangers ou étrangement employés, des allusions, des noms historiques, mythologiques, géographiques.

Alors, deviennent nécessaires les notions d'exégèse, d'étymologie, de géographie, d'histoire générale ou locale, de mythologie: « autrement, comme des grappes dissimulées dans les feuilles, se perdent les auteurs incompris ».

Il est certain qu'ici on passe des discussions ri-

(1) Aristophane de Byzance (sous Ptolémée) *mots attiques, mots laconiens*. Didyme (1er s. av. J.-C), *Dict. des Auteurs tragiques*. Apollonius le Sophiste *sur les mots d'Homère*. *Dictionn. médical*, d'Erotien. *Onomastique*, de Julien Pollux, (ouvrage de la plus grande importance). *Lexique des 10 Orateurs attiques*, par Harpocration, d'Alexandrie. *Dictionn. étymol.*, d'Orion, Hezychius, Zénodotus et tant d'autres.

dicules aux discussions inconvenantes et que les notions futiles l'emportent sur les notions utiles.

« Il est vrai que dans les écoles de grammaire on ne transmettait souvent que des traditions propres à corrompre le goût, (1) des subtilités puériles, une vaine emphase, un malheureux abus de l'esprit ».

Parfois, il y avait un grammairien pour questionner, un autre pour répondre. On a beaucoup ri, non sans raison, de ces questions dont nous rapportons quelques exemples (2).

« Quel est le chant des Sirènes ? Combien de rameurs avait Ulysse ? Enée a-t-il aimé Didon ? Le Cyclope avait-il des chiens ?

Lorsque Latone mit au monde Apollon et Diane tenait-elle un palmier ou un olivier ?

Qu'est-ce que l'Albanie où on blanchit dès l'enfance ?

Que penser des hommes du Septentrion qui n'ont qu'un œil ? »

Voici deux questions qui pourront paraître assez déplacées devant un jeune auditoire :

Que fit Hercule avec les cinquante filles de Thespis ?

Que penser des juments qui, à certaine époque, dans la ville d'Olysippe, conçoivent du vent comme font les poules à Rome, dit Varron. » Varron ajoute que les poulains ne vivent que trois ans. Lactance

---

(1) « *Ill*: *fu. laris* », Suét.
(2) Suét. *vit. Tib.* 70.

avait, de ce fait, tiré un argument fort irrévérencieux en faveur d'un dogme chrétien.

Faut-il rappeler les questions que Juvénal rapporte dans sa VIIe satire, sur la nourrice d'Anchise, le nom et la patrie de la belle-mère d'Archemos, la longévité d'Aceste, le nombre d'urnes de vin que le Sicilien offrit aux Phrygiens.

Cela établit que ces questions étaient de tradition dans les écoles. Du reste, leur attrait est tel qu'on les discute partout, dans les rues, les portiques, les bains, les bibliothèques. Mais les questions sérieuses qui se posent en face d'un auteur ou d'une œuvre n'étaient pas pour cela négligées et si le maître savait ainsi piquer la curiosité de son auditoire et satisfaire un peu sa fantaisie, il n'oubliait pas qu'il était l'arbitre du goût public, le vigilant gardien des traditions littéraires, le juge des écrivains et des poètes (1).

Cette critique des grammairiens a laissé peu de traces. Marcellinus, biographe de Thucydide exprime cependant une règle mise admirablement à profit de notre temps. « Il est nécessaire de parler de la naissance et de la vie d'un auteur car pour un juge éclairé ces recherches doivent précéder celles des écrits ».

Parmi les difficultés qui retiennent l'attention des élèves, l'étude des dialectes n'est pas la moindre. Les divisions politiques, la configuration du

(1) « *Poetarum judices grammatici*, S. Aug.

pays, la diversité des climats ont créé ces variétés de la langue.

On parle et on écrit alors le dialecte commun (κοινή διάλεκτος), attique modifié... Quelques atticistes écrivent encore dans la langue des grands maîtres, Platon, Isocrate, Démosthène. Mais pour comprendre exactement les divers auteurs il faut s'initier aux formes particulières de leur dialecte: l'éolien des lyriques, le béotien de Corinne, la langue des colonies d'Asie-Mineure. Le dorien où l'on ne distingue pas moins de trois branches, la langue d'Alcman, d'Epicharme, de Pindare. Le doux ionien encore plus varié : dans la seule Asie-Mineure on connaît le carien, le lydien, le chiote, le samien. L'attique, l'expression digne de la sage et sobre pensée grecque, moins lourd que le dorien, moins mou que l'ionien, a connu aussi trois phases celle des tragiques et des premiers prosateurs, celle des sophistes et des philosophes, celle de Démosthène et de la Comédie Nouvelle. A cela il faut encore ajouter les formes de la poésie chorique où le dorien se mêle au lesbien et à l'épique.

En cette étude l'élève s'initiait à la connaissance et à l'emploi de cette langue si merveilleusement souple et si apte à exprimer les nuances les plus délicates.

Un autre point important et qui tint toujours grande place dans l'enseignement grammatical grec, ce sont les figures de pensées ou de mots qui

« comme de brillantes lumières, illuminent et varient le discours » (1).

L'Orient fit toujours grand emploi de ces modifications apportées soit à la forme matérielle des mots, soit à la construction ou à l'ordre syntaxique. La métaphore et l'allégorie sont conformes au tempérament oriental et auprès des tropes qui s'adressent surtout à l'esprit, les figures de pensées, hyperboles, interrogations, imprécations expriment le langage du sentiment et de la passion.

Deux grammairiens célèbres, Apollonius Dyscole et son fils Hérodien (2) dominent toute cette dernière période de la grammaire grecque ancienne et sont à la fois les historiens les plus instructifs et les meilleurs représentants des études grammaticales. Priscien qui fut pour l'Occident leur traducteur et le vulgarisateur de leurs théories affirme qu'ils ont « redressé les erreurs des anciens grammairiens » (3).

La simple énumération des chapitres d'Apollonius indiquera le cadre de l'enseignement grammatical. — Les mots. — La division des parties du discours. — La syntaxe de ces parties. — La composition. — Les affections des mots, c'est-à-dire les figures de grammaire qui sans altérer le sens

---

(1) Cic. *de Orator. III*, 58.
(2) Uhlig. *Die τεχναι γραμματικαι des Appollonns. und Herodian*; Egger *Appollonius Dyscole.*
(3) Priscien, le plus célèbre et le plus influent des grammairiens latins n'a fait que traduire et compiler Apollonius, *Hauréau.*

affectent la forme ; apocope, synérèse, etc. — Les figures. — Les figures homériques. L'orthographe. — Les signes de l'accent, de l'aspiration, de la quantité. — La ponctuation. — Les quatre dialectes.

Là se trouvaient constituées en une science méthodique et régulière, les principales théories de la grammaire grecque ; on y retrouve encore la trace des discussions alors soulevées.

Ce que l'étude seule fait ressortir de cette véritable encyclopédie grammaticale, c'est le savoir immense qui est là accumulé et la merveilleuse profondeur de pensée de cette véritable philosophie de la parole « c'est, dit Egger la grammaire savante à son plus haut degré de perfection » (1).

On n'y trouve plus trace des questions oiseuses, sur l'origine du langage, les définitions de la grammaire, si elle est un art ou une science ; mais quel beau canevas pour une analyse du langage ! « Distinguer les divers sons de la voix, définir ceux qui expriment nos sentiments et nos idées, classer ces voix élémentaires et les signes qui y correspondent, montrer l'accord du son et des signes, les changements de l'écriture et de la prononciation ».

Le style est sévère, heurté par souci d'exactitude.

Hérodien reprend les théories de son père, mais moins philosophe s'attache aux détails techniques.

(1) Egger *Apollonius Dyscole.*

Ses livres sur l'Accentuation furent longtemps populaires (1).

Pas de philosophie du langage, pas de grammaire comparée. Quelle belle occasion cependant présentaient ces grandes villes d'Orient où commerce et savoir attiraient toutes les races ! Mais les Dieux ne parlent-il pas le grec ou un langage qui en approche ! De là le dédain pour toutes les autres langues, le difficile progrès du latin malgré son utilité. Un grammairien grec ne devient jamais grammairien latin ; la langue de Cicéron blesse le goût, les aptitudes, l'instinct des Grecs encore amollis par les influences orientales et amoureux de leur langage ;

« Le plus doux qui soit sous les cieux ».

Nous n'avons pas parlé du cithariste, l'auxiliaire du grammairien, ni du lien intime qui unissait la musique à la partie prosodique de la grammaire. Il nous a paru plus utile de le faire au paragraphe de la musique (2).

De cette école fréquentée avec zèle, on en sort comme Mercure amoureux de la Philologie avec la beauté du discours, l'élégance des descriptions et tout ce qui fait le charmant cortège des Grâces !

---

(1) Καθολικὴ προςῳδία en 21 livres, écrit sur l'invitation de Marc-Aurèle.
(2) Le livre de S. Augustin sur la musique n'est pas autre chose qu'une leçon de cithariste sur la versification.

§ III. — *A l'Ecole du Rhéteur*.

Le jeune homme sort des mains du grammairien initié aux diverses branches du savoir, prêt à entendre avec fruit les leçons du Rhéteur. Chez celui-ci s'achève, se perfectionne, se couronne, s'utilise l'instruction déjà reçue. « La grammaire, dit Cassiodore, est la mère glorieuse de l'éloquence, l'ornement du genre humain », mais elle n'est que le décor nécessaire, le fondement solide, semblable au piédestal qui soutient la statue de Mercure et à ces charmantes images des Grâces qui l'entourent.

Qu'apprend-on à l'école du Rhéteur? en ce « royal palais des Muses » comme le nomme Himérius. A composer et à parler, à parler surtout et à improviser. Bien qu'on redise souvent dans les écoles le mot d'Aristide « on ne crache pas les discours, on les prépare » les improvisateurs sont fêtés et leur habileté est un objet de convoitise.

Il est facile de comprendre qu'il y a place en rhétorique pour deux théories. L'une s'occupe à définir, classer les procédés et pratiques du métier : l'autre s'attache surtout aux principes et à la philosophie de l'éloquence et nous laisse le soin d'en déduire les conséquences pour la pratique. (1) Moins féconde mais d'un usage plus facile pour les esprits médiocres, la première méthode dominait dans les anciens traités de rhétorique. Puis Platon,

---

(1) Egger. *Mém. de littér. anc.*

Aristote et la longue lignée de leurs successeurs substituent la méthode philosophique. Mais au II° siècle, la revanche vint, produisit son chef d'œuvre dans les livres si oubliés ajourd'hui, si longtemps célèbres, d'Hermogène : chef-d'œuvre de cette méthode comme la rhétorique d'Aristote l'est de l'autre.

Ainsi avec cette méthode pendant plusieurs siècles l'esprit humain va se perdre dans les subtilités de la scolastique ; à ce travail infructueux d'exégèse et de classification employer l'activité intellectuelle, faire des ergoteurs au lieu de savants et de penseurs...

La transition avait été préparée par toute une série de maîtres. De l'abandon, en partie, des exercices étaient nés les recueils destinés à fournir « ce qui selon l'hypothèse doit être établi et les règles d'une composition habile ».

Théon les avait magistralement résumés et y avait joint la doctrine (1) : de là son ouvrage assez développé devenait pour les rhéteurs un manuel d'enseignement. C'est au reste ce livre qui fait le fond des articles des *Institutions oratoires* où Quintilien traite des *exercitationes*.... qu'elles soient confiées aux grammairiens « pour que les élèves n'arrivent pas au rhéteur secs et pour ainsi dire sans nourriture » ou qu'elles soient enseignées par le rhéteur lui-même (2).

(1) Προγυμνάσματα et Ἐπιστολικοὶ τρόποι.
(2) Quint. *Inst. Orat.*, I, 9. Suét. § 4 *de Gram. ill.* « *Ne sicci omnino atque aridi pueri rhetoribus traderentur.*

Hermogène, surnommé Ξυστηρ pour indiquer la véhémence de son esprit, ou parce qu'il polissait et apprenait à polir les écrits comme le sculpteur fait le marbre avec un ciseau « admiré de Marc Aurèle, dont il est le lecteur, illustre à 15 ans, fou à 22 », vieillard dans l'enfance, enfant dans la vieillesse, avait de sa gloire précoce éclipsé celle de Théon (1). Un équilibre plus complet entre la doctrine et les exemples, un ordre plus exactement suivi, une brièveté plus grande qui ne va pas sans obscurité, tels étaient les mérites de son œuvre (2). Ils ne légitiment qu'à peine sa renommée et surtout la durée de cette gloire dont la grande part revenait aux travaux de Théon.

Avec Aphthonius d'Antioche, (3) le maître de Libanius et de Phasganius, la partie doctrinale disparaît encore davantage : c'est par les exercices qu'il est original. Ils font oublier en partie ceux d'Hermogène qu'ils expliquent et leur autorité est grande dans les écoles. C'est le texte officiel de l'enseignement. Les rhéteurs grecs le discutent et le commentent: Priscien de Césarée le traduit sous le nom de *Præexercitamenta*.

Analyses et distinctions minutieuses des genres, des règles de développement oratoire et de style;

(1) Τέχνη ῥητορική (Traité des preuves, de l'invention, des genres de style, avec une étude remarquable sur la δεινότης).
(2) *Rhet. græc.*, de Walz.
(3) Hors son commentaire de la τέχνη d'Hermogène, il a aussi un recueil de fables.

abondance d'exemples qui suppléent à l'insuffisance des théories (1); grands nombre de manuels d'école (2) tous selon Aphthonius, avec des réminiscences d'Hermogène et de Théon chez les plus érudits : voilà ce qui caractérise au IV⁰ siècle l'enseignement de la rhétorique.

Ces trois noms dominent : Ils sont les maîtres incontestés. D'ailleurs, les nuances signalées mises à part, une grande relation existe entre eux : le fond, l'ordre, les définitions leur sont communs.

Auprès d'eux et comme eux, les rhéteurs ajoutent de nouveaux exemples, varient les sujets qu'ils composent spécialement pour leurs élèves… Ces travaux furent-ils de moindre valeur que ceux d'Aphthonius ou d'Hermogène? Il serait difficile de l'affirmer ; ils participaient de la gloire du rhéteur et se perdaient dans cette gloire aux multiples rayons.

C'est à de semblables exercices que fait allusion Libanius dans sa lettre à Archélaüs (3). « Il paraît qu'après avoir lu quelques déclamations que j'avais bien voulu laisser copier, moins pour la gloire que pour stimuler par l'exemple, l'émulation des meilleurs élèves, tu les as jetées au feu. Mes déclama-

(1) Il y a même des Προγυμνασματα uniquement composés d'exemples v. g. ceux de Libanius, Nicolaus, Doxipatris. Plus tard il y aura des exemples chrétiens. Cf. Nicéphore dans Walz, I, 494, après le discours d'Adraste devant Thèbes, celui de Marie mère de Jésus après le miracle de l'eau changée en vin.

(2) 2 vol. des Rhetor. Gr. de Walz y sont consacrés.

(3) Ed. Wolf. *Ep. lat.* XLIV, 744.

tions sont de celles que tous possèdent, que tous lisent, que tous croient devoir imiter et ton nom périra tout entier avant qu'une seule ne périsse ». Pour exagérée que soit cette glorieuse vantardise, il nous reste de nombreux exercices d'école de notre rhéteur d'Antioche qui fut un professeur non moins recherché qu'un orateur acclamé, s'il l'en faut croire.

Voici en quels termes il parle de sa première leçon (1). « J'ai débuté dans ma première réunion par un prologue et la contre partie d'un passage d'Homère, le prologue ne faisait que demander la constante bienveillance de la fortune : la réfutation du passage d'Homère était présentée sous plusieurs formes... Pour quelques-uns mon enseignement ne parut pas inférieur à mes discours ; pour d'autres il parut supérieur, si bien qu'en quelques jours je vis monter à cinquante le nombre de mes élèves. »

Libanius nous a laissé un grand nombre de ces exercices, canevas ou modèles qui nous permettent de nous initier aux travaux de l'école. Il est difficile autant qu'inutile de discerner à quelle période de son professorat il faut les rapporter. Ces Προγύμνασματα qu'Hermogène considère comme la meilleure introduction à l'étude de la Rhétorique, appartiennent en fait à la Rhétorique de tous les temps...

(1) Ed. Wolf. *Ep. 407.*

Des douze exercices d'Hermogène, Aphthonius en a fait quatorze en classant à part la réfutation et la défense, l'éloge et le blâme.

La Fable (Μῦθος), est un des premiers ; d'ordinaire récit fabuleux à la manière d'Esope. Libanius, nous en a laissé trois : Les loups demandent la paix aux brebis, le renvoi des chiens, ces funestes chiens qui aboient quand le loup passe et le forcent à se fâcher..avec la morale que toute fable amène : « ne soyez pas assez confiants pour faire de vos ennemis vos gardiens ». La lutte de la tortue et du cheval : le cheval superbe, railleur, qui se croit invincible... les spectateurs de la course... l'oisiveté et le gras pâturage retiennent le cheval et la tortue triomphe : « Jeunesse ne dormez pas confiante en votre intelligence, travaillez, sinon facilement un concurrent moins brillant vous distancera. » La dispute des oiseaux sur la beauté, c'est le geai paré des plumes du paon de notre fabuliste.

La narration ou conte (Διήγησις) exposé plus développé d'un fait emprunté à la mythologie, à l'histoire, aux traditions, notre rhéteur en a laissé une quarantaine parmi lesquels : le combat d'Hercule et d'Archéloüs pour Déjanire, Alphée et Aréthuse, la fleur d'Hyacinthe, Procné et Philomèle, Céphée et Persée.

Les chries (Χρειαι) constituent à bon droit une partie importante : c'est le développement de sentences morales citées sous le nom ou l'autorité d'un personnage célèbre ; exercice de réflexion, leçon de morale, trait d'histoire. « On demande à Alexandre où sont ses trésors, il montre ses amis ». Cet éloge de l'amitié nous le trouvons à la fois dans Libanius ; dans un morceau anonyme inédit publié par de Congny qui l'attribue à Aphthonius ; dans le commentaire de Doxopatris sur Aphthonius (1).

Libanius nous en offre un autre sur l'éducation. « Diogène voit un enfant se mal conduire, il frappe le pédagogue et lui reproche cette mauvaise éducation ».

En voici une sur le travail. « Isocrate avait coutume de dire que les racines de la science sont amères, mais doux ses fruits ».

L'amour même n'était pas exclu : « Théophraste définissait l'amour : le bouleversement d'une âme tranquille ».

La sentence (Γνώμη) développement d'une observation philosophique très générale ne se confondait pas avec la chrie. Libanius ne nous a laissé que deux explications d'une même sentence, indiquée par Aphthonius et prise dans Homère (2). « Il est honteux de dormir toute une nuit ». « La terre ne nourrit pas d'être plus méchant que l'homme » : (3) modèle de sentence hyperbolique. « Il faut de l'argent ; sans argent rien ne se fera de ce qu'il faudrait » sentence énonciative empruntée aux Olynthiennes, et traitée dans le manuscrit de Bourges,

(1) Walz. *Rhét. gr.*, II, 259.
(2) Elle est aussi dans Hermogène et Théon.
(3) Iliad II, 24 ; Odyss. XVIII, 130.

Libanius et Nicolaüs ; toutes indiquées par Aphthonius (1).

Deux autres divisions : (Ἀνασκευή et κατασκευή) la réfutation, et la confirmation de quelque récit, ou de quelque affirmation d'un poète sur les Dieux ou les héros. Ainsi Libanius établit que « Chrysès n'est pas venu auprès des vaisseaux des Grecs » « la vraisemblance de ce que Homère dit des armes d'Achille et de sa colère ».

Puis vient le lieu commun (Τόπος) qui a un sens analogue à celui qu'il conserve dans nos traités élémentaires : Libanius nous offre les traits généraux de l'homicide, du traître, du tyran, du médecin empoisonneur, du tyrannicide.

L'éloge et le blâme (Ἐγκώμιον et Ψόγος) où hommes et choses sont soumis, où l'histoire et la philosophie se rencontrent : ainsi auprès des éloges d'Ulysse, de Thersite, de Démosthène, nous lisons ceux du bœuf, de l'agriculture et de la justice ; auprès des blâmes que le rhéteur formule contre Achille, Philippe, Eschine, il y a ceux de l'opulence et de la pauvreté, de la colère, de la vigne.

La comparaison ou parallèle (Σύγκρισις) des personnes et des choses a aussi sa place marquée : Ajax et Achille, Démosthène et Eschine, Commerce et Agriculture, la campagne et la ville.

L'éthopée (Ἠθοποιία), dont Libanius nous a laissé plus de 25 exemples, tient une place considérable.

---

(1) Walz. *Rhét. gr.*, I. 279.

Elle consiste d'ordinaire à choisir quelque circonstance importante de la vie d'un personnage historique ou mythologique et à lui prêter alors le langage qu'il aurait tenu : Médée au moment d'immoler ses enfants ; Andromaque devant le cadavre d'Hector ; Chiron apprenant qu'Achille est avec les jeune filles ; Ménécus avant de se tuer pour le salut de sa patrie. D'autres appartiennent à la peinture générale des mœurs : réflexions de celui qui, dans sa demeure, contemple un tableau de bataille ; de l'avare craintif qui trouve une épée d'or. Deux valent d'être signalées : celle de la courtisane repentante ; de l'eunuque amoureux. « Incapable d'agir et de jouir, il ne me reste de la virilité que ce qu'il faut pour souffrir. Cupidon fais que je cesse d'aimer, ou change ma nature » ; du peintre épris de la vierge qu'il a peinte. « C'est ma propre main et ce sont mes yeux qui ont captivé mon cœur... Je suis prisonnier de ma propre habileté. Alors que je voulais entendre vanter mon talent, voici qu'on loue mon bonheur d'amant. Allons, peintres, composez et peignez la page étrange de mon amour. O couleurs, cessez vos charmes, n'éveillez pas la maladie d'amour qui ne connaît pas de guérison ».

Les modèles de descriptions (Ἔκφρασις) laissés par Libanius ne sont guère moins nombreux que ses modèles d'éthopée ; non moins grande la diversité des sujets : l'ivresse, le printemps, les Calendes, le char des héros, le combat d'Hercule et d'Antée, le combat de Leuctres.

Là se trouvent quelques traits de ces études d'art qui ont laissé peu de traces dans la littérature antique (1). Libanius amateur d'art en fait profiter ses élèves et emploie plus d'un modèle de description à l'étude de quelque œuvre de peinture ou de statuaire. Tels : la Chimère, la chasse, le combat des fantassins, la lutte du lion et du cerf, Polyxène tué par Néoptolème, groupe d'airain où Libanius signale les traits de pudeur de l'artiste qui ne laisse pas apparaître de que ne doit même pas voir l'œil des femmes ; la statue de Juno Pronuba « celle qui a la garde des liens conjugaux » (2) ; deux descriptions de la ruine de Troie : une troyenne symbolise les angoisses et les douleurs de la grande ville « on ne peut regarder cette femme sans pleurer » ; la statue de Médée « où l'art s'est surpassé.. le regard détourné de ses fils dont elle ne veut pas voir les cadavres et cependant incliné vers la terre comme pour honorer la nature que son audace cruelle a attristée ».

Déjà Dion Chrysostome dans son discours Olympique où Phidias explique la composition de son Jupiter Olympien, fait œuvre de critique d'art, se contentant « de recueillir les vieilles et invariables croyances ».

(1) Bertrand (*Etudes sur la peinture et la critique d'art dans l'antiquité*) ne trouve à dire de Libanius que ceci « sans être aussi indifférent (que Thémistius) il n'a qu'un médiocre souci de l'art ».
(2) « *Cui vincla conjugalia curae* » Juv.

Philostrate qui appartient à notre IVe siècle a été plus étudié. La comparaison classique du travail de la plastique et de la peinture avec les procédés de la parole lui appartient et l'apparente avec Lessing.

« On a dit que les yeux méritent plus de confiance que les oreilles et cela peut-être vrai. Les yeux restent fixés sur l'objet qu'ils contemplent, tandis que des paroles relevées par le charme du rythme et de l'harmonie peuvent en tombant dans les oreilles les séduire et les égarer ».

Il nous parle d'Homère comme d'un antiquaire qui, s'il trouvait quelque mot hors d'usage, le recueillait avec amour comme une médaille antique trouvée dans un trésor sans maître ; comme d'un peintre « c'est à lui qu'on doit les fleuves qui *murmurent*, les traits qui *vibrent*, les vents qui *grondent* ». « *Ut pictura poesis.* »

La rhétorique du IVe siècle n'ignorait donc pas l'étroite parenté des arts et des lettres et était trop soucieuse de perfection pour laisser sans culture les instincts d'art de ses disciples.

Restent dans la liste des exercices de rhétorique la thèse ou délibération, θέσις: Libanius nous en laisse une fort curieuse sous ce titre : Doit-on se marier ; la proposition d'une loi ou sa critique où il s'agit tantôt de lois réelles, tantôt de lois supposées.

Ce n'était là que les éléments simples de la rhétorique, les mouvements décomposés de la gymnastique oratoire. Venaient ensuite « les compositions plus complexes : dialogues, portraits, allégories, dissertations ! Que de laliai (compliments) ! que d'epideixis (discours d'apparat) ! que de dialexis (dissertations) ! que de schedia (improvisations) ! que de meletai (discours étudiés) ! que de chriai (chries, lieux communs d'un placement facile) ! sans parler des propemptiques (discours d'adieu), des protreptiques (exhortations), des prosphonématiques ou allocutions aux grands personnages, des plasmatiques ou fictifs » (1).

La rhétorique se divisait en trois grandes parties : le genre délibératif ou démégorique, le genre judiciaire, le genre épidictique ou démonstratif.

Le premier avait été longtemps en honneur sous le nom de politique. Aujourd'hui il ne constitue plus guère qu'une distinction officielle mais non réelle. C'est à ce genre qu'appartiennent les discours plasmatiques ou fictifs « échos de la politique » (2). Le modèle est Démosthène qui, dans les écoles, demeure le maître par excellence. Egger signale de Plutarque à Libanius, y compris celle de ce dernier, six biographies de cet orateur, élément précieux pour l'histoire de la critique littéraire.

Le genre judiciaire, qui à cette époque ne nous a rien laissé des plaidoiries et accusations du forum et du tribunal, tient une grande place dans les déclamations qui nous restent de Libanius. C'est la princi-

(1) P. de Julleville. *L'Ecole d'Ath.* p. 77.
(2) Eunape.

pale forme réelle sous laquelle se peut manifester l'éloquence ; le droit, (nous allons le dire), prend alors une place importante et présente assez de problèmes et de sujets de discussion. Aussi les thèmes sont ils assez curieux : accusation d'un père qui a tué son fils pour ne pas le laisser tomber entre les mains d'un tyran ; accusation d'un riche coupable d'adultère avec une femme pauvre ; défense d'un fils répudié ; un soldat victorieux demande comme récompense que son frère répudié par son père partage cependant l'héritage avec lui ; accusation contre un magicien ; défense d'un aveugle accusé de parricide; un père grincheux répudie son fils qui a ri en le voyant tomber ; un orateur qui a décidé les ennemis à se retirer demande la récompense réservée au général victorieux etc. (1). Là s'étudiaient les mœurs oratoires ; l'élève apprenait à faire parler ses personnages selon leur caractère et selon les circonstances.

Le genre par excellence de l'époque, c'est l'épidictique, celui du discours d'apparat. « Quoique le genre épidictique « démontre » moins qu'aucun autre, nous sommes toujours enclins à voir dans l'éloquence dite démonstrative autre chose que ce qu'elle est réellement, à savoir l'éloquence d'apparat ». L'épideixis est un usage tout hellénique, une solennité bien distincte des assemblées judiciaires et des assemblées politiques; presque rien, sauf l'o-

(1) *Œuv. de Liban.*, passim. Ed. Reiske, T. IV.

raison funèbre et le discours académique, n'y répond dans les usages modernes de l'éloquence.

Seul ce genre possède alors son manuel. Il est spécialement étudié par Ménandre et Alexandre (1) plus complètement qu'il ne l'avait été par Denys d'Halicarnasse. Bien que d'une sécheresse de dogmagtisme pédant, le travail de Ménandre n'en est pas moins précieux et pour les notes historiques, qu'il renferme et pour les préceptes qu'il donne...

Depuis longtemps on connaissait les oraisons funèbres, les harangues patriotiques, les dissertations morales, mais la poésie y avait joué le principal rôle. Peu à peu la prose oratoire assez voisine de la poésie l'avait suppléée et le genre s'était enrichi. Le nombre et la variété de ces compositions va sans cesse en augmentant. Ménandre en connaît plus de vingt soit en vers soit en prose, en prose plus souvent. Chacune a son nom : il y en a pour la naissance, le mariage, les divers actes de la cérémonie nuptiale, pour la mort, pour saluer les empereurs à leur avènement, les fonctionnaires à leur entrée en charge, les Dieux, les villes, les régions et l'auteur énumère minutieusement les idées et procédés de style convenables à chaque sujet.

Sans doute, parmi les exercices qui y préparaient, il y en avait d'étranges et nombre d'auteurs avec Pétrone n'ont voulu voir que ceux-là pour ridiculiser la rhétorique « ils n'ont dans les écoles rien

---

(1) Διαίρεσις τῶν ἐπιδεικτικῶν.

de ce qui est dans la vie »; « on ne peut pas plus avoir de goût à se nourrir de ces fadaises que sentir bon à fréquenter les cuisines. »(1) Fronton n'avait-il pas donné à Marc-Aurèle à écrire « l'éloge de la fumée et de la poussière ». Etait-il si inutile de cultiver cette imagination qui avait dans les discours d'apparat un si vaste champ à parcourir?

Pour nous initier à ces leçons de rhétorique, analysons brièvement le chapitre que Ménandre consacre à l'oraison funèbre.

Après l'aperçu historique, il distingue soigneusement si c'est un mort illustre ou une classe de personnes qu'il faut célébrer, si c'est sur une tombe qui vient de s'ouvrir ou si c'est après quelques mois écoulés. « L'oraison funèbre pathétique se compose des différentes formes particulières à l'éloge : le pathétique se mêle partout et successivement à toutes les parties. L'éloge d'abord, proprement dit, tiré de la naissance, de l'éducation, des mœurs, des avantages physiques et moraux, « le bonheur l'a suivi en toutes choses ». Puis les lamentations; les comparaisons, « il faut, en effet, montrer les choses plus belles que la réalité » ; les consolations à la femme, aux enfants ; alors faire l'éloge de la femme, « il faut nécessairement préoccuper les auditeurs de la pensée de ce qu'elle vaut » ; si les enfants sont en bas âge, y ajouter des conseils; louer la famille qui n'a rien négligé pour

---

(1) *Satyricon*, Ch. I, II.

les funérailles et l'ornement du tombeau ; terminer par une prière aux Dieux.

Tout cela est accompagné de détails précis ; ainsi Ménandre indique quelques précautions de langage à employer pour consoler une femme devant une tombe.

Sur la Monodie, dont le but est « d'exhaler des lamentations et des plaintes sur la tombe qui s'ouvre « ; il donne aussi des règles. « L'éloge ne doit figurer que comme moyen de justifier les pleurs ». « Distinguez dans votre Monodie trois époques différentes : le présent, le passé, l'avenir... Décrire la pompe funèbre, l'affluence de la population ; peindre la beauté de ce corps relégué dans la tombe ; interpréter aussi les regrets des animaux privés de raison mais sensibles ». « Ainsi le cygne, abandonnant son aile au zéphyr, pleure son compagnon ; l'hirondelle fait entendre des plaintes et, convertissant sa chanson en hymne de deuil, se pose sur le feuillage pour chanter sa douleur ». Il ne faut pas que le discours se prolonge au-delà de cent cinquante lignes, « dans les malheurs et les revers, ceux qui souffrent ne parlent ni longtemps, ni beaucoup ».

J'emprunte à Himérius l'analyse d'un épithalame en l'honneur de Sévère :

« Donner les préceptes de ce genre où se joue la fantaisie la plus libre, à quoi bon ? Mais les habiles ne doivent rien faire sans art, même les plus petits ouvrages : voici donc la règle :

Pour le style : imiter les poètes.
Pour les idées : consulter l'à-propos.
Pour l'étendue : la mesurer au sujet.
L'ensemble offre quatre parties :
La première partie contient l'exorde, où la pensée générale s'expose en arguments agréables qui servent de prélude au discours.

La deuxième expose la thèse du mariage. Ce sujet, rebattu par lui-même, est ici relevé par la nouveauté des aperçus et leur ingénieux arrangement ; nous y avons mêlé une pointe d'érudition qui n'échappera pas aux habiles

La troisième contient l'éloge des époux, éloge rapide et convenablement borné aux points essentiels.

Le discours finit par la description de l'épouse, là entraîné par le sujet, nous avons semé toutes les fleurs de la poésie (1) ».

Voici encore une leçon d'Himérius à ses élèves : « La manière de traiter les sujets fait paraître nouveaux, même les plus communs. Les discours propemptiques, pour nouveaux qu'ils soient, peuvent être embellis. Nous avons arrangé la matière indiquée en forme de dialogue sans nous éloigner du sujet, sans rien sacrifier des beautés propres au dialogue. A l'exemple de Platon, dans un sujet moral, nous avons semé quelques aperçus de physique et de théologie. Platon enveloppe aussi de fables ses plus divines vérités : on verra si nous

(1) *Or.*, *1.*

l'avons imité avec bonheur. On appréciera aussi la manière dont j'ai su réunir les autres beautés du dialogue : le repos, les diathèses, les épisodes, les ornements, le drame continu. Enfin, le dialogue doit s'ouvrir par un ordre d'idées simples et un style presque négligé (1) ».

On voit à quel point de précision, de minutie, la technique oratoire est parvenue, toute l'importance du mot et du procédé.

Himerius résume ainsi ce travail : « Comme un bon ouvrier, l'élève soigne d'abord ses instruments; il apprend l'art de démontrer, il s'instruit à confondre les bavards, il ajoute le mérite d'une composition savante à la noblesse du style, à la méditation féconde..... Il s'élève de la morale à la psychologie et aux sciences naturelles; il achève par le surnaturel (2) ».

Dans le domaine du savoir, la rhétorique touchera donc à toutes les branches : « à la logique, à la psychologie, à l'éthique, à la politique, à la science du droit, à l'histoire générale et particulière ».

Dans le domaine de la littérature, elle succède à la poésie en maints sujets autrefois réservés à celle-ci : de là, une tendance à la beauté de la forme qui veut donner à la prose le charme de la poésie. Trois choses surtout y concourent : les sentences, les images, le rythme ou nombre oratoire ;

(1) *Ecl. X.*
(2) *Or., XIV.*

les sentences recueillies çà et là chez les maîtres et habilement enchâssées ; les images ou figures de rhétorique, encore ajoutées à celles de grammaire: les huit ou dix traités sur les figures de rhétorique, et, en particulier, sur les tropes, montrent la prodigieuse facilité de la langue grecque pour marquer, par des termes spéciaux, les moindres nuances de la pensée, les moindres procédés et les mérites les plus délicats du style ; le rythme, surtout par où la rhétorique se rattache au grand principe qui règle toute l'éducation et doit régler la vie, l'eurythmie. Le rythme, en effet essence de l'éloquence, image même de l'âme, s'adresse à elle, harmonie qui a de sa nature une merveilleuse puissance, non seulement pour charmer et persuader, mais encore pour agrandir l'âme et l'émouvoir, qui, par l'heureux mélange des sons, fait passer de l'orateur à l'auditeur l'émotion dont il est touché.

De là, le mouvement animé, le coloris chaud, l'harmonie expressive et pathétique, la disposition des mots, l'arrangement mesuré de la phrase. « Habitué à ces caresses sensuelles de l'oreille, à cette ciselure du vase, peut-être oubliait-on parfois le parfum et la pensée (1) ».

Précision minutieuse dans le procédé, préoccupation du style et de l'harmonie, sont les deux caractères essentiels de l'enseignement du IV° siècle. Aussi, voici l'éloge de Procope et celui des maî-

(1) Chaignet. *La rhétorique et son histoire.*

tres d'alors : « Un mot étranger à l'atticisme ne le trompa jamais, ni une pensée inutile au but du discours, ni une syllabe mettant le rythme en danger, ni une construction offrant un arrangement de mots différent de celui que réclame l'oreille. Arion de Méthymne et Terpandre de Lesbos se fussent laissé prendre à des sons tirés négligemment de la lyre, plutôt qu'on eut pu lui donner le change par un langage péchant quelque peu contre l'harmonie (1) ».

Au point de vue de l'enseignement, c'est en ces écoles et à cette époque qu'est formé « le corps de doctrine, le système rationnel de principes, d'observations, de règles qui, sous le nom de rhétorique, depuis ce temps jusqu'à nos jours, a fait partie du programme des études libérales (2) ».

Caractères pédagogiques de la Rhétorique

Il est aisé de voir combien il était facile pour un rhéteur habile, au moyen de ces multiples exercices, de revoir et fixer les notions de mythologie et d'histoire à la fois politique et littéraire dans l'esprit de la jeunesse. De nombreuses et exactes connaissances sont nécessaires pour faire parler un orateur ou un guerrier de l'antiquité selon les circonstances et le caractère, sans erreur, sans anachronisme, sans même ce vague du discours sous lequel se dissimule un savoir hésitant... et cela dans la réflexion

---

(1) Choricius de Gaza, *El. de Procope*.
(2) Chaignet, l. c.

et le sang froid de la composition. Une correction publique relève les fautes, les faiblesses ; le professeur alors dans le cadre exact, précis, place ses interlocuteurs et ajoute au relief que donne une science sûre d'elle-même, le cachet spécial d'une parole élégante, illustration inoubliable du fait à établir ou du caractère à peindre ; savoir charmant qui crée la leçon attrayante.

Sans doute, ici nous nous trouvons en face d'un procédé pédagogique qui a ses adversaires sérieux.., mais aussi ses partisans et, à l'heure où sur ce point renaissent plus vifs que jamais nos dissentiments, il ne paraît pas inutile de noter le mot de l'histoire en un sujet qu'on traite peut-être trop souvent uniquement avec les préoccupations contemporaines d'une pédagogie utilitaire comme la philosophie d'où elle découle, heureux encore quand on n'y joint pas les opinions hors cause de la politique.

Je ne pense pas me tromper en affirmant que, sous le couvert de la lutte contre le grec et le latin, dans la prédominance donnée aux écoles professionnelles, industrielles, et la place plus prépondérante donnée à l'enseignement scientifique, se retrouve l'éternelle lutte des deux méthodes : la méthode poétique et la méthode scientifique.

« Dans la méthode que nous appelons scientifique, dit Petit de Julleville, on apprend les choses, principalement pour les savoir. Dans celle que, faute de nom plus clair, nous nommons poétique, on apprend surtout pour perfectionner son goût, son intelligence. Dans la première méthode, la science est un but, dans la seconde elle est un moyen. La première tend au vrai, la seconde tend au beau ».

Or, précisément, pendant la première partie du IVe siècle, c'est de la première méthode qu'est sortie la pléiade d'esprits d'élite qui fait cortège à Libanius, en même temps que se manifeste une ardeur qui peut nous étonner pour cette théorie et que nous rencontrons non seulement chez les païens, mais même chez les chrétiens. De même que la décadence de la littérature va naître (avant même le trouble causé par les Barbares), non seulement de la néfaste intrusion de l'État dans les questions d'enseignement, mais encore de la tendance utilitaire et scientifique qui domine dès que se constitue le fonctionnarisme : d'où résulte l'abandon de la culture grecque et la prédominance de l'étude du droit sur la culture par la rhétorique.

Or, voici que des maîtres de la pédagogie contemporaine légitiment ces procédés et les asseoient sur les plus récentes et les plus fermes assises de la psychologie.

D'après les physiologistes, il y a trois types d'esprits caractérisés par les aptitudes sensorielles qui dominent chez les divers sujets.

Ceux-ci pensent avec des images visuelles, ont la mémoire des formes, ne retiennent bien que ce qu'ils ont vu ou lu, ne comprennent bien que ce qu'ils voient ou se figurent. D'autres pensent avec des images auditives, retiennent les mots et le sens, apprennent surtout par l'oreille, comprennent en écoutant.

D'autres enfin pensent avec des images motrices, se parlent leurs pensées, ne pensent et ne retiennent que ce qu'ils expriment, soit qu'ils l'articulent ou l'écrivent.

Un enseignement pour atteindre tous doit donc s'adresser à l'oreille, aux yeux, à la faculté d'expression.

Où, mieux qu'en ce grand enseignement des rhéteurs, se réalise ce programme: phrases sonores, où chaque mot a son scintillement, gestes parfaits comme la phrase, dont ils sont l'illustration naturelle et souci constant des professeurs a « mettre leurs élèves sur la montre et à les faire trotter devant eux afin de juger de leur allure » (1).

D'ailleurs aussi n'en vient-on pas à convenir que la culture vaut mille fois mieux que les connaissances « La vraie fin, c'est la culture, c'est l'éducation de la pensée comme facteur essentiel de l'éducation totale, rien ne pouvant entrer en balance (après la droiture du caractère) avec la justesse et la vigueur de l'esprit, les bonnes habitudes mentales. Voilà pourquoi le mot d'ordre doit être quant aux matières : alléger, choisir, donner ce qui nourrit, non ce qui encombre ; quant aux méthodes,

---

(1) Montaigne.

animer, vivifier, donner moins le savoir que l'éveil » (1).

Revendiquer pour notre siècle utilitaire et scientifique semblable système, c'est légitimer et consacrer le régime de la rhétorique au IVᵉ siècle,

D'ailleurs, depuis le réveil de la liberté intellectuelle jusqu'à la Révolution, le but des études secondaires redevint ce qu'il fut à toutes les grandes heures de l'histoire : aiguiser et orner l'esprit, le former au bien dire. « L'idéal unique de la culture étonnamment dégagé des préoccupations d'intérêt prochain, reste en fait l'humanisme pur, l'éducation par la grammaire, la poésie, la rhétorique » et en dépit de Diderot, « on enseigne l'art de parler avant l'art de penser, celui de bien dire avant que d'avoir des idées » (2).

De multiples questions ont mis l'esprit en éveil, l'habileté des maîtres à les discuter, à en établir le pour et le contre, crée la clairvoyance et le jugement, la langue s'est façonnée, si la simplicité en est souvent absente, le charme y subsiste, instrument précieux même aux heures où la tribune aux harangues est silencieuse... Il n'est guère de circonstances où l'aptitude à bien dire ne soit utile et dans la seule fréquentation des auteurs de l'antiquité et des rhéteurs de l'époque, la jeunesse recueillait naturellement cette habitude de la pa-

(1) Marion l'*Educat dans l'Université. Introduction.*
(2) Marion l. c.

role élégante « comme les mains et le visage se colorent sous les rayons du soleil » (1).

« Ce n'est pas avec le poing fermé, dit G. Elliot, qu'on recueille la manne céleste », mais c'est avec des esprits ainsi ouverts qu'on recueille les leçons de la vie et qu'on est apte à en réaliser tous les devoirs... On ne spécialise pas l'homme, on n'en veut pas faire un soldat, un ingénieur, un administrateur, étouffant des aptitudes parfois remarquables mais inutiles pour cette destinée artificielle : « on veut développer harmonieusement toutes les facultés, déployer toutes les puissances de l'âme, expliquer et nourrir tous les principes de vie, s'appliquer à mettre en œuvre toutes les tendances qui font la force et la valeur des hommes » (2). « La nature l'appelle avant tout à la vie humaine... Vivre est le métier que je lui veux apprendre... Tout ce qu'un homme doit être, il saura l'être au besoin » (3).

C'est là précisément ce qui fait la permanence de ce système qui « n'est pas comme tant d'autres institutions humaines une œuvre de hasard, le produit de quelques circonstances fortuites, qui n'a pas été non plus imaginé de toutes pièces par des politiques, imposé à l'empire par des hommes d'Etat prévoyants, mais qui est la réalisation d'une idée philosophique » (4).

(1) Leibnitz.
(2) Stein.
(3) Rousseau.
(4) G. Boissier. *La fin du Paganisme, t. I, p. 182.*

Caractère Éducateur de la rhétorique.

La culture de l'homme, tel est le but de ces études qu'on peut vraiment nommer « humanités »; méritent elles également le nom de « libérales » dont on les gratifie parce qu'elles font « l'homme libre ». On n'a pas moins attaqué au nom de la morale qu'au nom de la pédagogie cette « *palea verborum* » des rhéteurs, gens fort aimables mais malades d'esprit « *genus stultorum amabilissimum* » On voit qu'avant Lombroso la parenté d'esprit des intellectuels et des aliénés était signalée par Sénèque.

La distinction séparatiste de l'instruction et de l'éducation est toute moderne : elle est due au développement de la pédagogie et à la tentative de faire de l'instruction l'unique but de l'école, tout être instruit devant être moral, erreur aujourd'hui reconnue de tous : de là, réaction et préoccupation de la morale à l'école, discussion de sa nature, examen des procédés pour l'y faire pénétrer...

Rien de semblable dans l'antiquité ; la loi veille à ce qu'il n'y ait rien contre la morale publique, le pédagogue à défaut de la famille est spécialement chargé des mœurs, l'école n'a ni sa morale à elle, ni ses leçons spéciales de morale qui, du reste, n'ont qu'une influence bien limitée sur la conduite. La morale à l'école ressort du milieu, de la discipline, et surtout de l'enseignement tout entier admirablement éducateur sans y prétendre.

Sénèque a un mot cruel « les rhéteurs posent

des questions, discutent, ergotent : ils ne forment pas de conviction, ils n'en ont pas » (1). Il est vrai que Pline adoucit la blessure. « Il n'y a rien de plus sincère, de plus candide, de meilleur que ces gens là » (2). M. G. Boissier partage ce dernier avis et ce ne sera pas l'esquisse de la vie de Libanius qui contredira cette idée.

Nous pourrions nous étonner que deux des traits qui semblent essentiels à la formation de la jeunesse : la religion, la patrie, n'apparaissent pas dans ces écoles du IV° siècle. N'oublions pas que c'est à la religion catholique triomphante qu'est due cette pénétration de la religion en toutes choses, les réclamant toutes à un titre ou à un autre comme son domaine ou ses instruments. L'école d'autrefois ne se confondait pas avec l'église, ni l'instituteur avec le prêtre ; au temple et au foyer les questions religieuses ; à l'école elles ne venaient qu'accessoirement : la religion était à ce point mêlée pour lors à l'histoire et à la fable que l'étude des auteurs entrainait l'interprétation respectueuse.

La patrie ! Où était-elle en ce monde de la conquête cette réalité idéale, si précise, si aimée, et qui fait vibrer nos âmes, anime nos efforts, nous rend plus précieuses encore nos gloires ; cette figure émue que nous montrons à nos enfants, inclinée anxieuse comme une mère sur leur labeur, pour

---

(1) « *Instituunt, disputant, cavillantur, non faciunt animam quia non habent* » Ep. 64 à Lucilius.
(2) *Epist. II, 3.*

savoir s'ils seront dignes d'elle, et capables de lui donner un peu de gloire ?... L'antiquité l'avait connue, mais dans cette foule de provinces conquises cette grande idée avait disparu... Je relève de tout ce qui nous reste de Libanius deux mots sur Rome; quant à Constantinople il la tient en médiocre estime... de la gloire de l'empire trop confondue avec celle des Césars il ne parle pas. Il ne subsiste guère et combien amoindrie ! que l'affection pour la terre natale... C'est à ce sentiment qu'il fait appel pour décider son ancien élève Olympis à revenir à Antioche.

Il n'est donc pour lors question ni d'éducation religieuse, ni d'éducation nationale.

C'est la large et libre éducation humaine sans les restrictions, les devoirs accidentels, les compressions parfois redoutables que créent les idées de patrie et de religion ; c'est le grand culte de la raison, de la fraternité littéraire, de la solidarité, de la tolérance, dans le grand amour du beau rayonnement du vrai et créateur du bien.

Telle apparaît la morale simple et salubre de l'idéal antique.

Toute école est gardienne des traditions : et l'élève n'assiste pas à l'évolution des idées, sans voir le lien étroit qui unit les hommes glorieux dont il étudie les œuvres et les met en dépendance mutuelle, malgré les divergences de langue et de nationalité : c'est la grande leçon de solidarité humaine.

Il sait de ces hommes les grandeurs et les faiblesses, il apprend les multiples aspects de la vérité, il trouve des inconséquences de logique, des variations de doctrine, chez les plus illustres ; les dieux mêmes ont leurs origines diverses et parfois leurs aventures et leurs métamorphoses : le rhéteur a souligné au passage tous ces traits d'humanité et le disciple a appris la grande leçon de ceux qui ont vu les hommes, la tolérance, la pitié... (1) vertus qui pour être exclusives de dogmatisme et d'intransigeance n'en sont pas moins conciliables avec les convictions personnelles, l'énergie du caractère et du dévouement: Symmaque à Rome, Libanius à Antioche en sont de grands exemples.

Mais l'élément moral premier, me paraît le culte de la beauté, harmonieux résultat de l'ordre et de la mesure, beauté plastique du mot, de la phrase, fruit de laborieux efforts, beauté supérieure de la voix et du geste, de l'attitude et du regard où déjà rayonne l'ἐν θεός, le dieu intérieur, beauté suprême de la pensée, cri de passion ou de devoir... La jeunesse ne pénètre pas en ces sanctuaires sans se laisser séduire et pour comprendre et exprimer cette beauté on sacrifie tout comme fit Libanius ou mieux pour elle et par elle on harmonise tout, non seulement les phrases, mais les pensées, les œuvres et la vie.

(1) « Hommes de tous les temps, je communie en vous » Soulary.

Le culte littéraire du beau me paraît un des grands facteurs de beauté morale chez les maîtres du IV° siècle (1).

Tels il m'apparaissent moins soucieux que nous de la vérité absolue, de la science austère, de la religion rigide, d'un patriotisme restreint, mais ils aiment l'humanité, respectent les autels, sont tolérants pour toutes les convictions, voisinent avec l'idéal. C'est une morale qui en vaut une autre !

(1) « Celui qui aime le beau, disait Grégoire de Nysse, devient beau lui-même » et selon la remarque d'un penseur « le plaisir qu'on trouve à ce qui est beau, fortifie nos sentiments moraux ».

CHAPITRE III

Etudes Spéciales

Les études du premier âge, la Grammaire, la Rhétorique constituent la culture suffisante et générale de l'esprit au IV⁰ siècle. Apulée, cependant a bu à d'autres coupes : il a goûté « la Géométrie et son eau claire, la Musique et ses douceurs, la Philosophie générale et son délicieux nectar » (1). Bien qu'elles appartiennent à un cercle restreint d'initiés, ces études spéciales, auxquelles nous joignons la Médecine et le Droit, s'imposent à notre attention. Un lien étroit les unit entre elles et avec la Rhétorique ; leur action est puissante dans le monde des idées ; ceux qui les cultivent sont d'ordinaire de vigoureux esprits, directeurs impérieux ou novateurs audacieux. Les négliger c'est se résoudre à ne lire qu'un fragment de la page du savoir, à ignorer les tendances de l'esprit humain à cette époque, à en apprécier imparfaitement les efforts vers le progrès.

Ici la rareté des documents nous oblige à élargir le cercle où nous voulions renfermer notre curio-

---

(1) *Florid.* XX.

sité : c'est un essai sur l'enseignement musical, scientifique, médical, juridique et philosophique dans le monde gréco-oriental au IV⁰ siècle, et par là dans tout le monde romain, puisque l'Orient seul nous offre les noms illustres : Aristide-Quintilien, Gaudence, Bacchius en musique, Diophante et Pappus dans le domaine des mathématiques. Les écoles de droit célèbres sont Béryte, Césarée, Constantinople, Athènes ; la médecine ne nous offre que le nom d'Oribase de Pergame ; la philosophie est toute en l'école mystique de Jamblique.

L'attrait de ce sujet nous sera une excuse d'avoir eu la témérité de l'aborder, et sa nouveauté nous fera pardonner l'imperfection de cette étude.

§ I. — *Musique et métrique, danse et gymnastique*

Voici en quels termes Ammien-Marcellin caractérise cette époque : « Le peu de maisons où le culte de l'intelligence était naguère en honneur, sont envahies par le goût des plaisirs, enfants de la paresse. On n'y entend que des chants et, dans tous les coins, le tintement des cordes ; au lieu des philosophes, on n'y rencontre que des chanteurs et les professeurs d'éloquence ont cédé la place aux arts d'amusement. On mure les bibliothèques comme des tombeaux. L'art ne s'ingénie qu'à fabriquer des instruments gigantesques : orgues hydrauliques, lyres grandes comme des chars, chalumeaux et autres instruments de théâtre de dimension inusitée. On expulse de Rome des étrangers, crainte de disette, mais on y garde trois mille danseurs et autant de choristes (1) ». Claudien nous fait assister à la réunion de graves personnages appelés à délibérer sur les dangers de l'État : « Ils s'emportent, ils s'échauffent en de vains débats..., il s'agit de savoir qui sait le mieux accommoder ses gestes aux sons, ses yeux aux rythmes (2) ».

Il est facile de comprendre que ceci est encore plus vrai d'Antioche, moins brutale que Rome, moins pondérée qu'Athènes, moins laborieuse qu'Alexandrie. Là, plus que partout ailleurs, Musique et Danse exercèrent irrésistiblement leur séduction ; elles étaient la naturelle satisfaction de cet instinct humain, de cette prédisposition, sinon à comprendre, du moins à nous laisser envahir par l'harmonie des sons et des gestes; elles étaient merveilleusement conformes au tempérament oriental ; elles étaient fortes de la longue tradition qui faisait des danseurs de presque tous les Dieux de la Grèce antique, et attribuait à Hermès l'invention de la lyre, à Apollon celle de la cithare, à Pan et Athénée celle des pipeaux et de la flûte (3).

Aussi Julien raille-t-il le goût des habitants d'Antioche, se plaint des tendances efféminées de la musique d'alors, et constate que dans la cité opulente et florissante, nombreux sont les danseurs,

(1) XIV, 6.
(2) *In Eutrop.*, II, 354.
(3) Veckenstedt, *La musique et la danse dans les traditions.*

nombreux les musiciens et les histrions, plus nombreux que les citoyens, alors que lui se soucie du théâtre et des acteurs moins que des grenouilles de ses étangs (1).

Chrysostome, en maints endroits, signale ce goût de la musique, de la danse, du théâtre, et s'élève en termes amers contre les décadences morales qu'il cause (2).

Libanius nous raconte l'histoire du magistrat qui abandonne la poursuite d'un procès parce qu'il a entendu dans la rue des chanteurs étrangers chanter quelque cantilène... De même que le prédicateur chrétien s'était plaint de voir ses fidèles retenir les chants lascifs et oublier l'Evangile, le rhéteur païen reproche à ses étudiants de savoir toutes les chansons et d'oublier Démosthène...

La musique est partout ; dans le culte mythologique, dans les fêtes publiques, dans les principales circonstances de la vie de famille, thrènes et chants d'hyménée. On chante au théâtre, dans les forums, dans les repas solennels ; au foyer, « la nourrice répand le sommeil sur les paupières de son enfant par des chansons enfantines douces à l'oreille » ; on chante à l'atelier, sur le banc des rameurs, au labour.

La religion nouvelle cède au courant et utilise cette passion populaire. Arius compose ses chants anti-trinitaires ; Nestorius adapte des mélodies po-

(1) *Misopogon.*
(2) J. Chrysost. *Comment. sur le Prophète Isaïe,* ch. V.

pulaires à ses doctrines. Dans l'Eglise catholique, Ephrem et Chrysostome en Orient, Ambroise et Augustin en Occident, composeront des hymnes ou substitueront les accents pieux de David aux chants d'amour des poètes et des rhéteurs.

L'engouement est universel et ce goût suppose une culture.

Nous pouvons déjà signaler les traits caractéristiques de la musique à cette époque. D'institution morale qu'elle était, elle devient art d'agrément ; elle se vulgarise, sa philosophie s'amoindrit, sa technique s'éclaire et se précise; le principe Apollinien qui avait toujours dominé la musique grecque cède le pas au principe Dionysien, au culte austère du beau se substituent les libations du plaisir.

Les instruments prennent une place assez importante au théâtre et dans les festins ; on ne se contente plus de la lyre et de la cithare, mais il faut « que l'on entende les tambours, les cordes, la symphonie, le chalumeau, le buis, les cymbales, le flageolet, la flûte, le sistre, et que l'instrument dont le gosier d'airain produit des chants, l'orgue humide, émette bruyamment des sons qu'engendre un soufflet (1) ». Par cette nouvelle forme musicale tend à s'introduire un principe non moins nouveau, élément essentiel de la musique de l'avenir : la polyphonie.

L'école garde les traditions ; aussi, les écrits des

(1) *Epithal. Laurentii*, cité par Friedländer.

7.

musicographes ne nous signaleraient pas ces transformations, si les écrivains, témoins des mœurs, n'attiraient notre attention sur ce point (1).

Il est vrai qu'à partir du IIIe siècle, la musique ne fait plus de progrès. On recueille, on classe, on commente. Il semble qu'avant de disparaître — car elle disparaîtra en ses éléments caractéristiques — la musique gréco-orientale veuille, en un bref et clair tableau, montrer quels immenses progrès elle a réalisés. Telle est aux IIIe et IVe siècles l'œuvre de Ptolémée, Alypius, Gaudence, Bacchius et de l'auteur du *Traité anonyme*.

Aristote, Pythagore, Aristoxène, restent les maîtres et leur autorité subsiste incontestée. Auprès d'eux, les musicographes du IVe siècle citent encore Euclide, Nicomaque, Cléonide.

Aristote représente l'éthique de la musique. Pour lui comme pour Platon, « le musicien est un maître de tempérance et de vertu (2) ». Aristide Quintilien s'en inspire lorsqu'il rappelle que « la récréation n'est qu'une conséquence accidentelle, tandis que le but réellement poursuivi est de conduire à la vertu (3) ». L'âme devait être emportée dans une sphère de contemplation idéale, dans « les sereines régions où réside Apollon, le dieu pythique, pour y trouver le calme, la paix, la force, la ma-

---

(1) Gévaert, *Histoire et théorie de la musique dans l'antiquité*.
(2) *Protag.*, p. 326.
(3) Ch. II, 69.

jesté (1) », pour jouir de ce que Schelling appelle « la noble sénérité du beau ».

Pythagore était le philosophe de l'harmonique. « Ses nombres, dit Wagner (2), ne sont intelligibles d'une façon vivante que dans la musique ». Or, sa théorie des nombres avait, sous les influences philosophiques et mystiques, trouvé un regain de vitalité et contribué à l'introduction de la partie physique mathématique dans le système musical nouveau.

Auprès de ces hautes spéculations, il y avait l'immense labeur de la formation pratique : intelligence du texte poétique, connaissance des instruments et du chant, théorie de l'harmonique et de la rythmique, science de l'accompagnement. Aristoxène était le guide.

Voici d'ailleurs le système complet de la musique, tel que nous le trouvons dans Aristide Quintillien :

1re partie spéculative ou théorique	Section Physique	Arithmétique. Physique.
	Section Technique	Harmonique. Rythmique. Métrique.

(1) Westphal., *Metrik*, I.
(2) *Musiciens, philosophes et poètes*, p. 74.

2ᵉ partie pratique ou éducative	Section de la composition	Composition mélodique.
		Composition rythmique.
		Poésie.
	Section de l'exécution	Jeu des instruments.
		Chant.
		Action dramatique.

En résumé : « La musique ne devient parfaite que par la réunion en un seul tout des trois parties qui la constituent : l'harmonique, la rythmique, la métrique (1) ».

L'harmonique renferme la doctrine des sons, des intervalles successifs ou simultanés, des échelles modales et tonales, des genres. Choisir et combiner ces éléments, c'est le rôle de la mélopée ou composition mélodique. « Je chante pour les savants, fermez la porte, profanes, tel pourrait être à bon droit le début de quiconque se dispose à discourir sur l'harmonique » (2).

Là s'étudie le système de notation qui, d'après Alypius, renferme 1.620 signes, obtenus avec les lettres de l'alphabet diversement tournées, barrées, renversées (3).

On avait alors sur ce sujet, l'*Harmonique* de Ptolémée, les *Commentaires* que Porphyre en avait faits en trois livres ; le *Traité acoustico-musical* de

(1) Anonym. H; Ed. Bell., § 30.
(2) Gaudence, *Introduct. harmonique, début.*
(3) Alyp., *Introduct. musicale.*

Théon de Smyrne, les ouvrages récents d'Alypius, Gaudence et Bacchius. Ces derniers sont les seuls à nous donner des détails précis et systématiques sur la notation grecque, nom, forme et valeur des signes (1), ce qui témoigne que cette partie malgré ses difficultés est alors soigneusement étudiée.

Cependant dans Bacchius les noms des sons mélodiques ne sont pas exprimés littéralement comme dans les autres auteurs, mais ils sont figurés par des signes correspondants de la double notation (vocale et instrumentale) propre au trope lydien, seul vestige de la notation pythagoricienne restée dès lors en usage.

La mélodie « cette forme prédominante de toute musique » (2) partie essentielle de la musique grecque n'y a pas cependant le premier rang. C'est en effet le rythme qui prédomine car « on saura que le rythme par un acte générateur donne aux sons la forme qui les soutient »(3).

La rythmique était elle même originairement partie de la métrique. Des travaux remarquables ont été faits sur ce point, sans qu'une solution ait été donnée lumineuse et définitive (4).

L'élément prosodique est bien connu, bien que

(1) Cf. Edit. Teubner et Ruelle.
(2) Wagner, *Musiciens, Poètes et Philosophes* (trad. C. Benoit).
(3) Martian. Capella.
(4) Dufour. *Etudes sur la constitution rythmique et métrique de drame grec.*

le mode de récitation des vers grecs demeure discuté ; quant à l'élément rythmique, dont l'existence est indéniable et qui se trouvait inséparablement uni à la musique, il ne nous a pas révélé son secret.

Les mètres avaient comme les mélodies leur caractère moral fixe. « Dans la démarche, des pas suffisamment grands et égaux, suivant le spondée, auront un ethos modéré et viril ; grands mais inégaux, suivant le trochée et le péon, ils indiquent un ethos trop animé ; égaux et petits avec le pyrrhique, ils désignent platitude et vulgarité ; confinant aux rythmes irrationnels, ils marquent le défaut de consistance ; si les rythmes sont mêlés, ce sont les pas d'un imbécile ou d'un fou (1) ».

Dans la poésie proprement dite, nous trouvons l'action de la quantité et de l'accent tonique ; dans la poésie ou composition musicale, il faut y joindre l'ictus rythmique « le retour à intervalles égaux d'un son (note de musique ou syllabe), plus fort que les autres (2) ».

Lorsqu'on songe que la combinaison harmonieuse de ce triple élément, devait se rencontrer non seulement dans le vers ou la phrase mais encore dans la période, devait donner l'unité aux strophes dont les systèmes et commata sont si nombreux, former enfin le lien de la composition toute entière, du *canticum* auquel l'unité harmonique ne s'impose pas moins que l'unité d'idée, il est facile

---

(1) Aristide Quintilien, 99.
(2) Riemann et Dufour. *Traité de rythmique et métrique.*

de comprendre la difficulté de ce labeur. Ainsi, me semble-t-il, se légitiment les enthousiastes admirations des auditeurs et s'explique notre impuissance à pénétrer l'harmonie merveilleuse de la poésie grecque, qui est déjà de la musique, et l'harmonie divine de la poésie musicale.

Pollux nous signale alors les ᾠδαί morceaux de chant, les ᾄσματα, cantilènes, les μέτρα, vers récités, les λόγοι ἔμμετροι discours en prose semi-rythmique. A cette dernière classe appartiennent souvent les exordes des rhéteurs faciles dès lors à mettre en musique. Ainsi s'explique le passage où Libanius nous parle d'artisans qui chantaient ses exordes en se rendant au travail.

En poésie le rythme mouvementait la pensée ; en musique il rendait le mouvement intelligible. Il était à la musique ce que le dessin est à la peinture. Il constituait cette modalité musicale, si précise et si large à la fois dont l'esthétique et l'éthique étaient si clairement fixées.

Ptolémée comptait 7 modes. Alypius en compte 15, mais qui rentrent facilement dans la classification plus généralement admise de Ptolémée.

Voici brièvement quelques-uns des caractères de ces modes (1).

L'hypodorien a le trait fier, superbe, franc, sincère, simple, grandiose, ferme ; sa sonorité est grave, légèrement enflée.

(1) Bourgault Ducoudray. *Conférence sur la modalité dans la musique grecque.*

L'hypophrygien, passionné, enthousiaste, inspiré, religieux, extatique, fournit les chants destinés aux festins.

L'hypolydien est voluptueux, dissolu, bachique, enivrant.

Le Dorien est le mode grec par excellence. « Il possède, dit Héraclide, un caractère viril, grandiose, étranger à la joie, répudiant la mollesse, sombre et énergique; il ne connaît ni la richesse du coloris, ni la souplesse de la forme « Platon y voyait « les accents d'un héros et d'un stoïque » Cassiodore y verra bientôt l'expression « des vertus chrétiennes les plus élevées. »

Le Phrygien est passionné, enthousiaste, véhément.

Le Lydien est doux, changeant, juvénil.

Le Mixolydien est passionné, attendrissant.

Au IVe siècle il nous faut signaler la prédominance que prend la prose rythmique sur la poésie, la tendance marquée à réunir et à confondre l'accent tonique et l'ictus rythmique, la prépondérance des modes passionnés et langoureux, sous l'influence orientale. De là cette musique voluptueuse semblable à l'ivresse et plus redoutable « qui émousse l'esprit, énerve le cœur et entraîne de plus en plus dans la mollesse » (1).

L'étude de la Musique, on le voit, présentait de grandes difficultés. Les cinq tétrachordes con-

(1) Jh. Chrysost. *Comm. sur le Proph. Isaïe.* Ch. V.

joints ou disjoints accordés par quartes, avec leurs notes extrêmes invariables, et leurs notes internes variables ; les sept types d'octaves ; les quinze modes, les 1620 notes indiquent une délicatesse peu ordinaire dans la perception des nuances du son. La nécessité de combiner le rythme de la pensée avec celui du mot, de respecter l'éthique du mètre poétique, du mode musical, réclamait un sentiment exact et naturel de l'harmonie, non moins qu'un savoir précis, fruit de laborieuses et longues études.

C'est pour cela que les maîtres composent ces manuels dont nous avons déjà parlé. — Nous empruntons à celui de Bacchius, qui est le plus précis et le plus pratique quelques lignes pour les faire connaître. Il est intitulé « Introduction à l'art musical ».

« Qu'est-ce que la musique ?

— La connaissance du chant et des faits relatifs au chant...

— Combien y a-t-il de métaboles ?

— Sept.

— Quelles sont-elles ?

— Les métaboles de système, de genre, de trope, de caractère moral, de rythme, de position de la rythmopée.

— Qu'est-ce que la métabole ?

— C'est une altération des éléments établis ou encore une translation de quelque partie semblable dans un lieu dissemblable.

— Qu'est-ce qu'un diagramme ?

— C'est le tableau d'un système — ou encore

une figure plane sur laquelle est chanté un genre quelconque. Nous en faisons usage pour rendre visibles aux étudiants les parties difficiles à saisir à l'audition.

— Combien y a-t-il de rythmes.

— Dix, dont six simples et quatre composés... etc. (1).

On voit que c'est le livre d'école dans sa claire simplicité.

Quant à la méthode d'enseignement, elle comprend l'exercice de la solmisation qui existe depuis le Ier siècle ainsi que le prouve le traité d'Aristide Quintilien ; l'emploi de tableaux qui consistaient surtout en échelles notées ou diagrammes, signalées dans Bacchius. Le maître chantait, jouait de la flûte ou de la cithare devant ses élèves qui devaient imiter ce qu'il venait de faire, soutenus eux-mêmes et guidés par la lyre. Le professeur à l'école, comme le coryphée dans le chœur marquait la mesure avec la main, avec le pied surtout ; souvent même il armait son pied d'un sabot, pour mieux indiquer le rythme « ce véhicule au moyen duquel la musique pénètre dans l'intelligence ». « cet artère de la vie musicale ».

Par là la musique se rattachait à la culture générale. Cette délicate expression de l'harmonie et de la mesure, dont la Grèce et l'Orient ont gardé le secret, et à laquelle ils ont tout soumis, la parole, le son, le mouvement ; ce grand instinct et

(1) Bacchius l'Ancien, trad. Ruelle 1895.

cette grande science du rythme ne se développent-ils pas merveilleusement dans les écoles de musique ? Mais ce rythme était d'un emploi plus universel encore. Il dominait l'architecture, la statuaire, pénétrait les règles de la mélique et du drame. Par lui l'orateur scandait ses mots et disposait harmonieusement ses gestes. Il donnait la cadence uniforme aux rameurs qui sur les galères manœuvraient au son de la flûte du triéraulète, aux ouvriers de l'arsenal qui travaillaient au son des fifres... La puissance du rythme est si universellement acceptée que la Grèce faisait parler ses oracles en vers et réalisa plusieurs fois la légende de la lyre d'Amphion. Le Grec devait être eurythmique dans sa démarche, dans son costume, dans son langage, dans les pénibles exercices gymniques, dans les mouvements moins violents de la danse. Aussi à vrai dire, l'eurythmie, la recherche et le culte de l'idéal dans le rythme et par le rythme constitue le lien et l'unité de toute la vie intellectuelle, artistique, morale même, en l'Orient déjà oublieux de la grave beauté grecque des grands siècles.

Cet élément éducateur si précieux n'est pas le seul. Le Dr Pécaux a si brillamment exprimé la pensée, née en mon esprit de ces brèves études, que je me contente de le transcrire. « Je ne serais pas loin de rêver une éducation, mieux encore un état de l'humanité où la musique s'associerait à toute la vie, en serait l'accompagnement discret, profond et puissant... La musique est un langage que nul autre ne remplace, dont le domaine commence où finit celui de la parole. Analytique, précise, par là même bornée, la parole laisse à la musique le rôle d'exprimer l'inexprimable. Dans le monde invisible la musique est l'interprète du divin, de ce fonds dernier des choses et des êtres que l'âme de l'homme pressent être poésie et harmonie. Rien ne la supplée, parce qu'elle seule ébranle notre être à cette profondeur mystérieuse où la vie physique et la vie morale mêlent leurs sources et d'où elles jaillissent ensemble » (1).

Ainsi s'explique la foi de l'antiquité au rôle éducateur de la musique. Notre temps l'a méconnu non moins complètement que celui de la danse qui lui est connexe : car les anciens eurent une merveilleuse habileté à tout utiliser et à tout unifier pour la formation complète de l'homme.

La danse, au reste, n'a pas le sens restreint que nous lui donnons. « Le même mot désigne aussi bien le joueur de balle qui rythme ses mouvements que le pyrrhiciste dont les évolutions retracent les phases d'un combat en armes. Il s'applique également au digne citoyen qui célèbre Komos et au mime de profession qui parle avec ses mains et muet sait tout exprimer. La danse pour les Grecs est un art plus élevé, plus vaste que le nôtre. Les philosophes lui attribuent une influence morale.

(1) *Rev. Pédagog.* nov 1888. — Dr Reissmann *Die Musik als hülfsmittel der erziehung*.

Elle est un de ces trois art musicaux qui sont comme les modérateurs de l'âme antique. Etroitement liée à la poésie, à la musique, elle participe à leur nature divine et comme ses sœurs a été léguée aux hommes par les Immortels. Elle n'est pas seulement un plaisir, elle est un culte et sert à honorer les Dieux » (1). Elle est plus qu'un jeu, elle est un exercice du corps embelli par l'art.

« Le jeune animal ne peut rester en repos et s'agite avec un visible plaisir. L'homme obéit à un semblable besoin ; mais tandis que l'animal n'a pas conscience de l'ordre ou du désordre dans le mouvement, l'homme à reçu des Dieux avec le sentiment du plaisir celui du rythme et de l'harmonie. Les Dieux eux-mêmes se font conducteurs de ses danses et le nom du chœur (χορός) dérive naturellement du mot qui signifie joie (χαρά) » (2).

Aussi Platon enseigne que c'est par l'intermédiaire du corps que l'eurythmie s'insinue dans l'âme et que c'est la danse gymnastique qui enseigne l'eurythmie.

A Charmide qui s'étonne d'entendre Socrate faire l'éloge du maître de danse, le philosophe répond : « Dans la danse tout le corps est en mouvement ; bras, jambes, cou ; vous riez parce que je veux me bien porter, avoir bon appétit et bien dormir; la danse empêche l'obésité et à mon âge, je ne puis aller me montrer nu au gymnase public » (3).

(1) Emmanuel, *Orchestique*.
(2) Platon, *Lois II*, 653, 654.
(3) Xénophon *Convi* . *II*.

Longtemps la partie gymnique et la partie orchestique étaient restées confondues. Puis le lien intime qui les unissait s'était assez relaché pour former dans l'enseignement deux parties bien distinctes, alors que cependant dans la pratique la distinction entre les mouvements purement gymnastiques et les gestes ou mouvements orchestriques, demeure difficile. Par l'une et l'autre c'est l'assouplissement du corps et de l'esprit qui se continue.

La gymnastique est toujours en honneur : C'est dans la palestre avec le pédotribe que la jeunesse s'exerce. Multiples sont les travaux : course, saut, lutte, jet du disque, jet du trait, pugilat et pancrace, lutte d'armes, équitation, premiers mouvements de la danse, de la pyrrhique surtout.

Le tibicen dirige et donne la mesure ; car tout, lutte ou course, se fait avec méthode.

Tous ces grands exercices se décomposent en mouvements variés des jambes et des pieds, des bras et des mains, des hanches, de la tête ; mouvements pour s'élever, pour tourner (2).

Ainsi peu à peu toutes les parties du corps s'assouplissent et deviennent susceptibles d'activité, les articulations se font flexibles, l'homme acquiert agilité, bonne tenue, élégance.

Libanius nous dit que « le gymnasiarque assouplit les membres des enfants avant qu'ils soient confiés au maître de danse afin qu'ils soient prêts à mouvoir leur corps, à devenir de véritable Protées... »

(1) Ἀέρμαι-ἑλικώδης.

Il signale aussi la difficulté d'aller en mesure et de finir avec le chant les mouvements du corps... Il parle des merveilleuses flexions, (1) du cercle, du corps roulé en boule les coudes aux talons, de la pirouette finie en attitude « on croirait qu'ils ont des ailes aux pieds et ils tournent si rapidement qu'ils semblent fixés à terre. »

Les plaintes de Galien et les longues recommandations d'Oribase témoignent de la violence parfois excessive et anti-hygiénique de ces exercices.

Ainsi préparés, les jeunes gens et les hommes faits viennent dans les gymnases où les maîtres de danse donnent leurs leçons privées et payantes (2), et les initient à cet art si complexe de tout dire au moyen du geste car la danse grecque est cela (3).

Achever et perfectionner la culture rythmique en ajoutant aux éléments du rythme poétique et musical ceux du rythme orchestique, celui qui règle les mouvements et les positions qui, dans une cohésion harmonieuse, doivent donner à la danse son caractère d'unité.

L'élégance, la souplesse, la cadence des mouvements qui composent presque toute notre danse ne sont pas toute la danse grecque orientale. Outre qu'elle use de beaucoup plus de liberté que la nôtre, elle a pour élément caractéristique, l'ex-

---

(1) θαυμάσιαι καμπαί.
(2) Athénée.
(3) Emm. *Orchest.*

pression. Que la danse suive un orchestre, s'accompagne d'un chant, ou constitue à elle seule tout le spectacle et tout le plaisir, elle est toujours l'imitation, la réalisation d'un poème, avec lequel elle séduit à la fois les yeux et l'esprit. Elle incarne et interprète la pensée musicale ou poétique.

« Tout le corps y prend part : les yeux surtout, les doigts, mettant à contribution la mimique naturelle, la mimique traditionnelle et celle, non moins précieuse, que créent les artistes de talent. Cette mimique est pour ainsi dire le langage du corps qui en signes muets manifeste mœurs, passions et actions ». C'est surtout dans les positions que s'exprime plus complète la pensée : c'est alors comme un tableau peint, dans lequel le danseur imite tout. De là les gestes et positions sont multiples et variés comme les circonstances de la vie et les mouvements de l'âme humaine.

D'ordinaire le maître emprunte à la statuaire et à la peinture les modèles consacrés et classiques de positions. Les gestes eux aussi étaient en grande partie fixés : gestes usuels connus de tous, gestes expressifs, gestes rituels et symboliques.

A l'époque qui nous occupe les danses lascives tendent à prédominer : l'expression y ajoute un grand attrait mais aussi en accentue l'élément corrupteur. De même les mimes et pantomimes remplacent les danses accompagnées de chant ou de déclamation, si longtemps en honneur chez les Grecs.

Dans la vie ordinaire la danse tenait une large place : les danseurs et les danseuses de profession étaient nombreux qui charmaient les festins ; les citoyens eux-mêmes, d'un monde douteux, se livraient à ce plaisir comme les esclaves. Dans certaines fêtes, la cordax, danse obscène, faisait le plaisir des débauchés. Libanius parle de paysans dansant des rondes échevelées autour des arbres. La Komos est bien connue ; vraie folie bachique qui terminait les grands festins : de la salle les convives s'échappaient à travers les rues, troublaient de sérénades irrespectueuses les paisibles citoyens et envahissaient en dansant leur demeure. Chrysostome s'élève avec véhémence contre les chrétiens qui pour se préparer à la fête d'un martyr venaient passer la nuit auprès de son tombeau, et singulière préparation, il faut l'avouer, occupaient leur veille à danser. Les danses des noces aussi étaient mal famées à ses yeux. Quant aux danses des funérailles, elles réunissaient tous les caractères de la danse antique : geste, mouvement, chant, déclamation...La vie du trépassé en était le sujet, traitée avec gravité, agrémentée parfois de quelque pointe malicieuse.

Ce n'est pas sans émerveillement que nous avons signalé la grande place que tiennent dans l'enseignement et dans la vie, la musique et la danse ; le lien intime qui les rend inséparables des autres éléments de formation de l'homme ; le grand souffle d'idéalisme qu'on y respire ; la précieuse leçon d'élégance et de délicatesse, de goût intellectuel et de belles manières, d'ordre et de mesure qu'on y reçoit sans que s'amoindrisse le charme et la joie qui sont les fruits naturels de ces arts.

Nous avons diminué tout cela : la danse n'a gardé que sa beauté plastique, la musique est devenue la propriété d'une élite ; ni l'une ni l'autre n'ont leur place en notre éducation; non plus qu'en notre vie nationale ; leur influence est nulle hors le cercle étroit des initiés.

Reverrons-nous ces arts, si facilement réputés corrupteurs, reprendre dans notre culture intellectuelle et morale le rôle que nul autre art, nulle autre science ne peut tenir ? Nous apprendront-ils encore à mettre l'élégance et l'harmonie en notre vie, l'idéal même en nos plaisirs ?

§ II. — *Sciences*.

Refuser aux Grecs l'esprit scientifique pour en faire hommage aux Indous, aux Arabes, aux savants de la Renaissance, fut longtemps une thèse consacrée. Cette théorie satisfaisait l'histoire à courte vue, et souriait trop aux partisans de l'idée d'évolution pour ne pas demeurer incontestée jusqu'à nos jours. Une vive réaction se fait contre cette erreur et cette injustice (1). La restitution faite aux Grecs de ce qui leur appartient dans les sciences mathématiques témoigne des merveilleux

(1) Tannery. *La géométr. grecq.* Introduction.

résultats qu'ils avaient obtenus et montre sur ce terrain l'évolution presque insensible (1).

Le IV⁰ siècle serait à ce point de vue l'objet d'intéressantes observations. La vitalité intellectuelle déjà signalée se manifeste aussi vivement en ce domaine que dans les autres. On n'ignore pas la filiation qui existe entre ces sciences et la philosophie. C'est sous l'influence successive des diverses écoles, dont les apports se reconnaissent facilement : écoles d'Ionie, de Pythagore, des Sophistes et de Platon, qu'elles se sont développées. C'est à Alexandrie, la ville des philosophes, qu'ont brillé les noms d'Archimède, d'Euclide, d'Eratosthène. C'est d'Alexandrie qu'aux III⁰ et IV⁰ siècles, avec la renaissance du mysticisme de Pythagore et du Platonisme se manifeste le renouveau scientifique, que favorise l'action des Juifs, amateurs de calcul, disséminés partout (2).

Sans doute le domaine scientifique n'a pas alors l'extension que lui réserve l'avenir. Les classifications rigoureuses d'aujourd'hui sont encore inconnues : trois noms surtout dominent : Arithmétique, Géométrie, Astronomie, qui selon les auteurs empruntent souvent des matières l'une à l'autre. La sphérique par exemple fait tantôt partie de la Géométrie, tantôt de l'Astronomie. La mécanique qui avait produit de magnifiques résultats n'a pas alors de technique. La chimie se perd dans les notions

---

(1) Cantor., *Vorlesungen.*
(2) Gow. *History of greek mathematics.*

de l'alchimie, comme l'Algèbre se confond dans l'Arithmétique.

A cette imprécision, il faut joindre l'immense transformation que nos méthodes scientifiques modernes ont fait subir à toutes ces branches du savoir, pour comprendre la difficulté d'une étude même succinte sur ce point.

I. Arithmétique et Algèbre.

L'Arithmétique, que Martianus Capella (1), décrit « la tête entourée de rayons symboliques, comptant sur ses doigts toujours en mouvement » n'offre plus rien de nouveau, d'original depuis Nicomaque et Théon de Smyrne. C'est la décadence, que l'essai malheureux de Diophante sur « les nombres polygonaux » ne semble pas enrayer. D'ailleurs l'arithmétique théorique n'a pas encore abandonné le vieil appareil géométrique-euclidien, en vertu duquel l'Arithmétique et la géométrie vivent isolées, sans les mutuels rapports si féconds que nous leur connaissons.

Hors ce que nous avons dit, l'Arithmétique n'offre guère d'intérêt. Cependant un nom longtemps méconnu et que l'érudition contemporaine a remis en honneur vaut d'être signalé: celui de Diophante (2), le plus célèbre, avec Pappus, des mathématiciens du IVe siècle.

(1) Martian. Capell. *De nuptiis Philologiae et Mercurii*. Ch. VII.
(2) Heath. *Diophantos of Alexandria* (325-409).

Son œuvre Ἀριθμητικά comprenait vingt livres : les sept derniers sont perdus. Compilation complète qui indique une somme considérable de recherches et représente l'enseignement de l'époque. Il l'avait dédiée à un certain Dionysios, qui pourrait être le savant Saint Denys d'Alexandrie (1).

Ce n'est pas cependant ce labeur intelligent qui a attiré sur cette œuvre l'attention et passionné la discussion. Dans la partie logistique, ou des exercices de calcul, partie très développée, on a trouvé l'application de l'algèbre au calcul (2), non pas l'application accidentelle et hésitante qu'on peut signaler chez ses prédécesseurs mais un véritable « faisceau méthodique, une doctrine en fait, sinon en intention » (3). C'est à proprement parler sinon l'invention, du moins la première manifestation développée de l'algèbre, innovation scientifique dont aujourd'hui nous pouvons apprécier l'immense portée.

Le premier, Diophante, réalise l'idée de l'expression algébrique exprimée en signes algébriques ; le premier il abandonne la méthode géométrique pour la méthode analytique ; le premier, il établit que $- \times - = +$. Presque partout ce sont, dit Cajori, « de nouvelles idées sur un sujet nouveau » (4).

Est-il vraiment le créateur de l'Algèbre ? Les Grecs

(1) Tannery. *Sur la religion des derniers mathématiciens de l'antiquité.*
(2) Heath. *l. c.*
(3) Marie. *Hist. des mathém.*
(4) *History of mathem.*

n'ont-ils commencé à la connaître qu'avec lui ? Il est certain qu'ils ne l'ont pas connue de tout temps ; il est probable qu'avant Diophante quelques éléments algébriques avaient été produits. Thymaris, par exemple, distingue les nombres ὡρισμένοι (connus), et les ἀόριστοι (inconnus) ; il indique le procédé de solution d'équations simultanées du premier degré. Mais ces traits sont si rares que Diophante doit bénéficier du doute et ne peut sans injustice être rangé parmi les compilateurs : il est créateur. « Et quand même il ne serait pas l'inventeur d'une partie importante de son œuvre, et l'aurait reçue de ses prédécesseurs, le mérite de l'avoir fait connaître, de l'avoir scientifiquement exprimée est de peu inférieur à l'invention » (1). Mettre l'ordre dans le chaos, c'est créer.

Le fait acquis d'ailleurs de manifestations de l'algèbre avant Diophante a son importance. Il dispense ceux qui veulent tout expliquer d'aller chez les Indous chercher les ancêtres et les maîtres du grand algébriste grec et restitue à la Grèce cette science née de sa dernière poussée de sève.

Sans doute les défauts et les lacunes ne manquent pas dans l'œuvre de Diophante : les tâtonnements et les incertitudes des débuts s'y rencontrent. La clarté, la rigueur de méthode, la généralisation des solutions ne sont pas encore nées. « Un moderne qui a étudié cent solutions de Diophante ne peut trouver la cent unième » dit Hankel (2).

(1) Heath. *l. c.*
(2) *Zur Geschichte der Mathematik.*

Chaque problème a sa méthode et sa solution concrète. L'algèbre ignore encore la possibilité de plusieurs solutions et ne sait rien de la mesure des grandeurs quelconques et des nombres incommensurables.

Relevons en terminant un trait curieux. Les problèmes étaient toujours proposés sous forme d'historiettes, surtout d'historiettes mythologiques…. Voici par exemple celle de la mule et de l'âne. « La mule et l'âne voyagent de concert, chargés de froment. La mule dit à l'âne : « si vous me donnez une mesure je porterai deux fois autant que vous, si je vous en donne une nous porterons des fardeaux égaux. Très savant maître, quels sont leurs fardeaux ? ». Voici sous forme de problème l'épitaphe de Diophante. « Diophante passa 1/6 du temps qu'il vécut, dans l'enfance ; 1/12 dans l'adolescence ; ensuite il se maria et demeura dans cette union 1/7 de sa vie avant d'avoir un fils auquel il survécut de quatre ans et qui n'atteignit que la moitié de l'âge auquel son père est parvenu » (1). Or, particularité curieuse, Diophante cesse d'envelopper ainsi d'histoires ses problèmes.

Il exerce son influence non seulement sur ses contemporains : la célèbre Hypathie le commente, mais encore sur les Arabes et les savants de la Renaissance. Viète lui-même reproduit un certain nombre de ses propositions. L'œuvre de Diophante fut une œuvre féconde.

(1) *Antholog. palat.* VII, 2. Ed. Didot.

II. Géométrie.

L'arithmétique et le calcul ne passionnèrent jamais les Grecs, comme ils firent les Romains et plus tard les Arabes; la géométrie fut leur science de prédilection. C'est elle que Capella introduit la première dans l'assemblée des Dieux ; Minerve l'accompagne ; un cercle dans la main droite, une sphère dans la gauche, revêtue du peplum, la Géométrie se tient debout sur le Zodiaque. Elle explique la forme et les dimensions de la terre et aux Dieux ennuyés offre l'ouvrage d'Euclide (1).

Il fallait être géomètre parfait pour entrer dans l'académie de Platon et Xénocrate déclarait à un disciple ignorant la géométrie qu'il n'avait pas les instruments de la philosophie.

Ceci explique la puissante tendance à la spéculation qui la différencie de la géométrie égyptienne, d'un caractère pratique, de l'arpentage romain, de la géométrie hindoue et arabe plus portée vers le calcul. « Les Grecs trouvent leur plaisir dans la contemplation des relations idéales, abstraites, ils aiment la science pour la science » (2).

Elle est inférieure à la philosophie : Damascius déclare Isidore supérieur à Hypathie non seulement en tant qu'homme par rapport à une femme, mais encore en tant que philosophe véritable par rapport à une personne adonnée à la géométrie.

---

(1) *De nupt. Philolog. et Mercur.* Ch. VI.
(2) Cajori. *History of mathematics*, p. 16.

Elle vient, dans la catégorie des sciences, la première après la philosophie et souvent les mathématiciens sont fiers de porter le nom de philosophe. L'arithmétique et l'astronomie sont sorties d'elle et c'est de son caractère philosophique et abstrait qu'est résulté le médiocre développement du calcul et le développement relativement plus complet de l'astronomie (1) : on sait les progrès déjà réalisés par la sphérique avec Pythagore.

Pauvre de calcul, surtout eu égard à nos tendances, la géométrie grecque fit cependant d'admirables découvertes. Les noms d'Euclide, Archimède, Apollonius, Hipparque sont universellement célèbres... Au début du IVe siècle, Ptolémée les résumait tous. Alors auprès de Diophante parurent Théon d'Alexandrie, sa fille Hypathie et surtout un des plus grands géomètres grecs, Pappus, qui domine ses contemporains « comme le pic de Ténériffe domine l'Atlantique » (2).

Descartes ne dissimule pas son admiration. « Je me persuade que certains germes primitifs des vérités que la nature a déposées dans l'intelligence humaine, avaient dans cette simple et naïve antiquité tant de vigueur et de force que les hommes éclairés par cette lumière de raison, s'étaient fait des idées vraies de la Philosophie et des Mathématiques, quoiqu'ils ne sussent pas encore pousser les sciences jusqu'à la perfection. Or, je crois ren-

(1) Chasles. *Disc. d'ouverture du cours de géométrie.*
(2) Gow. l. c.

contrer quelques traces de ces mathématiques dans Pappus » (1). Il ne faudrait pas croire cependant à une génération spontanée des théories géométriques dans cet auteur. Il suffit de rappeler les titres de ses travaux perdus : *Commentaires sur l'Almageste, sur les Eléments d'Euclide, sur l'Analemme de Diodore*, et de parcourir ce monument de la géométrie grecque qui nous reste incomplet sous le nom de *Collections Mathématiques* (2), pour comprendre au prix de quels labeurs Pappus acquit sa vaste science et sa légitime renommée.

Pappus est moins original que Diophante, mais combien plus vaste est son savoir. Il collige et il commente : offrir aux géomètres de son temps une analyse succincte des œuvres des anciens, surtout des plus difficiles, donner les commentaires nécessaires pour qu'on les puisse comprendre, tel est son but.

Un des premiers il associe l'histoire à l'exposé scientifique ; malheureusement ce sont les parties historiques qui ont le plus souffert dans son œuvre.

Lui-même découvre de nouvelles applications et en particulier le principe du théorème de Guldin (3).

Sans doute il reste fidèle aux méthodes anciennes, ne soupçonne pas la fécondité d'une alliance entre la géométrie et l'arithmétique ; l'esprit de généralisation lui manque.

(1) Descartes. *Règles pour la direction de l'esprit.*
(2) Συναγωγαι Μαθηματικαι.
(3) « Application du centre de gravité à la mesure des figures produites par circonvolution ».

Quoi qu'il en soit il représente le dernier et puissant effort, la suprême convulsion de cette géométrie grecque qui va disparaître devant les méthodes nouvelles (1) ; mais grâce à son œuvre ceux qui viendront seront émerveillés des progrès réalisés par cette science malgré la pauvreté du calcul et le défaut des méthodes.

Auprès du nom de Pappus nous avons placé celui de Théon d'Alexandrie. Nous en dirons peu de chose bien que nombre de ses œuvres soient venues jusqu'à nous : simple commentateur et compilateur, il épuisa en ce labeur méconnu tous ses efforts. C'est de lui que vient la règle encore aujourd'hui suivie de l'extraction de la racine carrée, avec cette différence qu'à ses fractions sexagésimales nous avons substitué les décimales. Jusqu'à lui on procédait par tâtonnement ; en commentant le théorème d'Euclide relatif au carré construit sur une ligne AC composée de deux parties AB et BC, il conclut par la règle générale « Le carré de la somme de deux nombres se compose du carré du premier, de deux fois le produit du premier par le second, du carré du second ».

Père heureux, Théon vit Hypathie sa fil'e partager ses goûts, continuer ses travaux et sa gloire. Longtemps elle enseigna les mathématiques au Muséum d'Alexandrie : nous n'avons plus que les

(1) Gow « *the last convulsive effort of Greek geometry which was now nearly dead and was never effectually revived* ».

titres de ses commentaires sur l'*Arithmétique* de Diophante, les *Coniques* d'Apollonius, la *Syntaxe* de Ptolémée. Le souvenir de son savoir, de l'admiration qu'elle inspira au savant philosophe Synésius et de leur amitié, de sa glorieuse mort pour la liberté de sa pensée et de sa religion n'est pas oublié.

III. Astronomie.

L'Astronomie « à la chevelure étincelante, aux membres constellés, aux épaules ailées » (1) ne se sépare guère alors de l'astrologie naturelle ou surnaturelle. Dans une confusion complète se mêlent les observations et calculs scientifiques et précis sur le mouvement et le cours du soleil, de la lune et des astres, l'étude des rapports entre ces astres, les douze signes du Zodiaque et les éléments de l'âme et du monde, les questions de calendrier et les pronostics sur le temps.

La raison de cette confusion n'est pas seulement dans l'imperfection de ces spéculations de nature si diverse et le lien étroit scientifique qui les unit ; elle est surtout dans la tendance mystique du siècle et la persécution des Empereurs chrétiens. Terrifiés par les procédés de la magie et les présages de l'astrologie ils les poursuivirent avec une rigueur absurde et une cruauté aveugle. La

---

(1) Martian. Capella, l. c. Ch. VIII.

persécution n'admet guère les distinctions et dans la crainte de laisser un ennemi n'hésite pas à frapper un innocent. Dès lors la confusion devient légale et l'astronomie comme l'astrologie est forcée de se réfugier dans le mystère, de se faire comme la magie et l'alchimie science occulte. D'une telle confusion naît une période de décadence. Isidore de Séville sera un des premiers à distinguer à nouveau l'astronomie de l'astrologie, mais la science du Moyen Age vivra de quelques restes de Ptolémée et du résumé succinct de Martianus Capella: Le chapitre de cet auteur « Que la terre n'est pas le centre de toutes les planètes » (1) suggèrera à Copernic l'idée que Vénus et Mercure tournent autour du soleil et non de la terre. Les Tables manuelles de Ptolémée sont encore en usage au XIV° siècle.

En effet, après Ptolémée les progrès de l'astronomie grecque sont insensibles. Nulle nouveauté dans cette partie spéculative consacrée dès l'origine à l'étude des causes des phénomènes et de la nature des choses célestes : ce que nous nommons aujourd'hui cosmologie. Nulle nouveauté dans la partie géométrique, si développée cependant dans les ouvrages d'astronomie grecque, où tout est géométrique, où les *Tables des mouvements célestes* ne

---

(1) *De nupt. Philol. et Mercur.* C. VIII; Copernic, *De revolut. orb. cæl.* I, 10.

sont elles-mêmes que l'expression de constructions géométriques.

Aussi à cette époque les fidèles de cette science prennent le nom de philosophes, sauf Pappus qui reprend le titre d'astronome.

Tout ce qu'on sait d'astronomie est donc au IV° siècle fixé et précisé dans Ptolémée, développé dans quelques auteurs qui composent la bibliothèque de l'astronome.

Le seul énoncé des chapitres de la *Syntaxe Mathématique* de Ptolémée témoigne que l'antiquité ne fut pas aussi ignorante, ni la Grèce orientale aussi peu scientifique qu'on s'est plu à l'imaginer (1).

Dans le premier de ces 13 livres où il résume toute la science astronomique ancienne, il expose son système. Dans les livres suivants il étudie (II) la détermination des angles formés par les intersections de l'écliptique avec le méridien, l'horizon, le cercle vertical ; (III) la longueur de l'année, l'hypothèse de l'excentrique et de l'épicycle : (IV et V) les mouvements de la lune, la fameuse découverte de l'évection ; (VI) les parallaxes et le calcul des éclipses ; (VII et VIII) les étoiles, la voie lactée, la construction du globe céleste ; (IX à la fin) les planètes.

A ce manuel (2) s'ajoutaient dans la collection du petit astronome, les études spéciales d'Autolycus, de la *sphère mobile* ; *levers et couchers;*

---

(1) Chasles. *Caractères géométriques de l'astronomie grecque.*

(2) Proctor. *Old and new astronomy.*

d'Euclide, *Les phénomènes;* d'Aristarque, *Grandeurs et distances du soleil et de la lune ;* d'Hipsiclès, *Les ascensions ;* de Théodose, *La sphérique, Les nuits et les jours, Les climats.*

On voit que les Grecs dans leur astronomie théorique et mathématique étaient allés aussi loin que le permettaient la philosophie et les instruments et procédés d'observation.

Ce dut être à perfectionner ces instruments que s'appliqua le IV° siècle, en même temps que les tables trigonométriques plus complètes et plus approchées augmentaient la précision des calculs. Peut-être alors fut inventé ce fameux astrolabe planisphère dont on fit longtemps honneur aux Arabes et qu'on a trouvé décrit dans Jean le Grammairien (1). On connait encore leur météoroscope, leur dioptre, qui suppose le principe du théodolite ; instruments compliqués que la lunette et le pendule transformeront plus tard comme les logarithmes révolutionneront les procédés de calcul : d'où résultera l'astronomie nouvelle.

M. Berthelot voit dans le IV° siècle une « période nouvelle demi-rationaliste, demi-mystique qui précède la naissance de la science pure » L'astrologie serait une science intermédiaire entre une science mystique et une science positive : elle causerait un retard dans l'émancipation de l'astronomie (2).

Historiquement il est difficile d'établir la ligne

(1) Tannery. *La Géométrie grecque.*
(2) Berthelot. *Origines de l'alchimie*

de démarcation et l'existence distincte de semblables périodes. Il y a en toute science et à toutes les étapes de ses progrès l'élément inconnu qui sollicite certains esprits et fait naître, auprès de la science, des hypothèses et des théories plus ou moins scientifiques, branches gourmandes de la vraie vigne, mais souvent utiles.

L'astrologie n'aurait-elle pas, au lieu de les retarder, singulièrement favorisé les progrès de l'astronomie ? Pénétrer dans le domaine mystérieux où s'écrit la destinée de l'homme fut toujours d'un suprême intérêt pour l'humanité.

« Heureux les mortels qui, les premiers, atteignirent ces connaissances sublimes et parvinrent jusqu'au séjour des Dieux !... Ils ont rapproché de nos yeux les astres lancés loin de la terre et leur génie a régné dans les airs soumis » (1).

L'espoir de soulever un coin du voile sous lequel se dissimule l'avenir dût être un singulier stimulant à mieux connaître les astres. Le but mystique de cet art chaldéen, généthliaque, astromantique ajoutait un élément utilitaire et religieux dont la science pure bénéficiait la première. La curiosité de l'inconnu et de l'inconnaissable est insatiable : elle pose des questions toujours nouvelles et

---

(1) Ovide, *Fastes* I, 297-299 ; 305-307.
   « *Felices animos quibus hæc cognoscere primis*
   Inque domos superas scandere cura fuit...
   Admovere oculis distantia sidera nostris
   Ætheriaque ingenio supposuere suo (1).

pour que l'astrologie put interpréter les réponses, il fallait que l'astromie s'efforçât de résoudre le problème soulevé.

IV. *Alchimie.*

Faut-il ajouter un mot sur l'alchimie ? Ici l'appréciation de M. Berthelot est incontestable.

En face des phénomènes de la nature, l'esprit imaginatif et industrieux des Grecs orientaux s'était ému, comme en face des transformations de la matière obtenues par le génie humain... Il en avait créé ses fables et une partie de sa mythologie et y avait trouvé prétexte à spéculations philosophiques (1).

A ces spéculations s'étaient mêlées la science des procédés industriels des Egyptiens, les rêveries mystiques des Alexandrins et des Gnostiques.

Puis lorsque avec les premiers siècles de l'ère chrétienne les fables cessent de s'imposer, les mys-

(1) La mythologie des Grecs et des Romains renferme (suivant un écrivain moderne) tous les secrets de la chimie sous forme mystique et allégorique. Ainsi Jupiter se changeant en pluie d'or représente la distillation de l'or par l'alchimie ; les yeux d'Argus convertis en queue de paon symbolisent les différentes couleurs du soufre sous l'action du feu ; la fable d'Orphée représente la recherche de la quintessence de l'or potable ; Deucalion et Pyrrha, le mystère de l'alchimie.... Le « la meilleure chose est l'eau » (Iᵉ Olymp. de Pindare) signifierait « le mercure, l'eau-argent ». Suidas prétend que la fable de la Toison d'Or est l'affirmation allégorique de l'art de faire de l'or. Plutarque voyait déjà « la science de la nature sous une forme symbolique dans la théogonie des Grecs » Cf. Hœfer, *Hist. de la Chimie.*

tères de la théogonie sont discutés, l'alchimie à proprement parler apparaît subitement « demi-rationaliste, demi-mystique » mélange confus, étrange de recettes purement empiriques, de procédés industriels, de philosophie, le tout agrémenté d'occultisme.

L'art sacré ! c'est la chimie enveloppée de symboles et dogmes religieux ; c'est le premier essai de la philosophie de la nature ; c'est une tentative de réaction contre les métaphysiciens ; c'est l'émancipation d'une nouvelle science.

Cependant subsistent des formules magiques, des imaginations mystiques d'origine orientale et gnostique, des volontés de mystère. « Voici le mystère mithriaque, le mystère incommunicable ». « Cette pierre qui n'est pas une pierre ; cette chose précieuse qui n'a pas de valeur ; cet objet polymorphe qui n'a pas de forme ; cet inconnu, connu de tous ».

Il est très beau de connaître la transmutation des quatres métaux ; du plomb, du cuivre, de l'étain, de l'argent et de savoir comment ils se changent en or parfait.

La science positive apparaît chez ceux qui se nomment « les nouveaux commentateurs de Platon et d'Aristote » et font large place à Démocrite.

Nombreux en sont les adeptes : Synésius, un évêque ; Olympiodore, un ambassadeur ; Stephanus, un médecin. Les poètes Héliodore, Théophraste chantent sa puissance mystérieuse. Les charlatans et les scélérats en abusent.

Là se retrouve le caractère scientifique, philosophique et mystique du siècle ; là se résument les connaissances physiques et chimiques des Grecs Orientaux, qui par l'intermédiaire des Arabes viendront jusqu'à nous.

§ III. *Médecine*.

La médecine semble assez facilement aux esprits superficiels constituer un domaine absolument à part. Nous lui faisons cependant place en nos études non seulement parce que comme toute science elle s'étudie et s'enseigne, mais encore parce qu'elle est, elle aussi, fortement pénétrée des souffles de l'époque et nous aide à une connaissance plus complète du mouvement de l'esprit humain au IVe siècle. Science de la vie elle enregistre les grandes oscillations de la pensée, s'imprègne des idées et superstitions ambiantes.

Le lien intime de la médecine et de la philosophie subsiste à travers l'histoire. L'autorité si grande et si incontestée d'Hippocrate ne suffit pas malgré ses efforts à séparer la médecine de l'étude de la sagesse. Il dut se contenter de l'arracher au sanctuaire, émancipation plus nécessaire et plus féconde pour l'avenir scientifique. Quant à la philosophie, elle est sœur de la médecine et toutes deux doivent vivre dans une étroite intimité. « La sagesse calme les passions de l'âme. La médecine guérit les maladies du corps... Le médecin philosophe est l'égal des dieux » (1).

Cette corrélation est au IVe siècle plus avouée et plus sensible que jamais. Galien d'ailleurs à qui il nous faut remonter, puisqu'il est jusqu'à la fin du XVIe siècle, le seul auteur consulté, l'arbitre de la science médicale, avait créé ce mouvement.

Singulièrement doué pour un tel rôle et par la nature et par le travail, esprit souple, délié, apte à l'assimilation, facilement dogmatique, supérieur dans la controverse, clair et disert comme un rhéteur oriental, Galien avait parcouru aussi curieusement les divers systèmes philosophiques que les systèmes médicaux et gardé le culte d'Aristote, de Platon et d'Hippocrate. Aussi s'exercera-t-il à concilier les théories de Platon avec les doctrines d'Hippocrate : il y consacre 9 livres. Il composera un opuscule: « Que l'excellent médecin doit être philosophe ». Il mettra la philosophie dans les parties de la médecine qui lui sont connexes, et ne se contentera pas d'être un droguiste comme sont les empiriques, selon sa propre expression.

C'est ainsi qu'il montre comment la pathologie, la thérapeutique, l'hygiène dépendent de la physiologie et par elle de la physique générale ou cosmogonie. De là un des premiers essais de philosophie physiologique sortira de sa plume: « Que les mœurs et le caractère suivent les tempéraments ».

---

(1) Plutarque. *Lettre de Démocrite à Hippocrate.* Symp. VIII.

Dans la partie essentiellement médicale, il fera revivre l'œuvre et la méthode d'Hippocrate, la modifiant selon les acquisitions récentes de la science. Lui-même s'appliquera avec un soin spécial et un succès incontesté aux recherches anatomiques, car il considère l'anatomie comme la base de la médecine. On sait que s'il ne découvrit pas la circulation du sang, il en approcha de fort près. Pendant longtemps on n'ajoutera rien à ses études des systèmes osseux, musculaires et nerveux.

Hygiène, pathologie, thérapeutique ne sont pas traitées avec moins de soin.

Aussi sa grande voix avait-elle imposé silence à toutes les sectes médicales et le grand médecin de Marc-Aurèle avait résumé, en son œuvre, la science médicale de tout le passé, l'avait fait progresser, en avait ébauché la philosophie.

Après lui, ni progrès, ni découvertes. Compiler, vulgariser, réunir les formules et les recettes, commenter servilement le Maître, c'est là tout le labeur du IVe siècle. C'est du nom de Galien, c'est de ses doctrines que retentissent les écoles, même les plus célèbres comme celles de Rome, d'Alexandrie, d'Athènes, alors qu'y enseignent Zénon le protégé de Julien, Ionicus le fameux anatomiste, Magnus aussi habile sophiste que savant médecin, « il réduisait au silence les plus doctes » (1), Oribase le plus illustre de tous.

(1) Eunape.

Par l'étendue de son savoir et l'importance de ses travaux ce savant médecin de Julien l'Apostat mérite sa renommée. La haine que Valens et Valentinien avaient vouée aux amis de cet empereur cède cependant devant son autorité incontestée et il demeure archiâtre du palais même sous leur règne.

Il avait dans ses *Collections médicales* dont les deux tiers sont perdus, réuni en 72 livres toutes les connaissances médicales de l'époque. Les *Euporistes*, traité de médecine domestique dédié à Eunape et l'*Abrégé* à son fils Eustathe, ne sont que des extraits pratiques de son grand ouvrage.

En tout cela il n'est que compilateur et vulgarisateur, intelligent, précis, plus exact et plus complet que les autres. Il n'exprime sa propre pensée que dans les préfaces ou préambules ; mais rien de nouveau dans cette pensée, rien de nouveau dans sa science. Néo-platonicien et mystique il partage les tendances philosophiques de Galien son modèle.

Il peut être curieux de signaler le rôle important qu'il donne à la musique, au chant, à la déclamation dans son système pathologique, les précautions qu'il prend dans la description des poisons, l'emploi de l'opium comme narcotique, l'utilité des bains de mer, la grande préoccupation des soins à donner à l'enfance.

Auprès de ces éléments scientifiques, la médecine connaît aussi les questions oiseuses: pourquoi par exemple, les chauves ont le sommet de la tête dégarni et les tempes fournies de cheveux ; pourquoi ceux qui ont peur pâlissent, de même que la droguerie connaît la thériaque le diascordium, etc.

Un point non moins important à signaler parce qu'il est caractéristique de cette époque et va dominer tout le Moyen Age, c'est le rôle de la superstition en médecine (1). Oribase n'y échappe pas complètement ; Galien lui-même déclare les amulettes bonnes pour le mal de tête, l'ivresse et la fièvre. Mais ces puissants esprits ne contribuent pas au développement prodigieux de ces superstitions antiscientifiques. Quoi qu'il en soit, à en juger par les documents littéraires, législatifs, en qui les mœurs se manifestent le mieux, nous ne sommes pas loin du jour où Paracelse écrira que la philosophie, l'astronomie, l'alchimie et les vertus du médecin sont les quatre colonnes de la médecine et où l'iatrosophiste Alexandre de Tralles fera l'admiration de la cour impériale. Cette médecine d'à-côté est certainement, dès le IVe siècle, la plus importante dans la pratique, en attendant qu'elle ait ses théoriciens.

C'est sous l'influence du christianisme et du néoplatonisme que s'introduisirent ces éléments hétérogènes mystiques, qui, accueillis avec un engouement extraordinaire, persistèrent avec une ténacité incroyable et maintinrent, jusqu'au XIVe siècle émancipateur, les sciences médicales dans la stérilité et la décadence.

(1) Fort, *Medical economy during the Middle ages.*

Ce renouveau mystique si universel est le résultat d'une des phases les plus curieuses de la lutte entre le paganisme et le christianisme.

Le paganisme, le premier, avait à la fin du IIe siècle et au IIIe, tenté de réveiller la foi religieuse endormie, ramené les théories préternaturelles, remis en ligne le monde des esprits, réaffirmé sa puissance, ranimé par là la crédulité populaire et même lettrée aux multiples pratiques superstitieuses nées à travers les siècles. Alors avaient reparu prêtres guérisseurs, magiciens, sorciers, thaumaturges, magnétiseurs, pélerinages et ex-voto aux lieux sacrés, amulettes, somnambules, évocateurs d'esprits : le miracle, en un mot, sans lequel les religions ne peuvent ni naître, ni vivre.

Le christianisme avait bien eu aussi ses éléments miraculeux, mais sous ce suprême effort de l'adversaire, il comprit qu'il lui fallait offrir au peuple hésitant mêmes prétendus avantages et aux miracles du paganisme répondre aussi par des miracles. Dès lors, il développe la théorie de la puissance des esprits, en germe dans l'Évangile; sur le monde surnaturel païen, calque un monde surnaturel chrétien, établit dogmatiquement que ses miracles sont l'œuvre des anges, esprits de lumière et de bonté, que les vrais saints, les thaumaturges vertueux, les bons génies sont les siens, que les miracles païens sont l'œuvre malfaisante des démons, esprits mauvais qui « nuisent à la santé et causent la maladie (1) ». Alors, le christianisme a, lui aussi, ses thaumaturges, ses amulettes, ses lieux sacrés, souvent ce sont les laures des moines ou les tombeaux des martyrs. Nul siècle dans l'histoire de l'Eglise, n'offre le miracle avec une abondance telle que les IVe et Ve siècles ; c'est la forme sinon la plus raisonnable, du moins la plus influente de la polémique à cette époque.

On comprend que dans l'un ou l'autre camp, l'homme de la science est en singulière posture, orgueilleux qui de son savoir naturel, veut corriger les influences surnaturelles. N'est-ce pas une intrusion dans les mystères sacrés de la Divinité que l'exercice de la médecine ? N'est-ce pas une profanation que d'offrir un médicament rationnel à ce qu'ils nomment maladies nerveuses mais en lesquels la foi voit des possessions diaboliques ? Le christianisme accentue encore la note antiscientifique en s'opposant à la dissection, en transformant les progrès d'anatomie et de physiologie en simples sujets de sainte curiosité et de pieuse admiration. On s'extasie devant l'œuvre du Créateur, mais on ne travaille plus. Comme Oribase en un semblable milieu grandit à nos yeux !

Car, chose étrange, le mysticisme superstitieux a tout incliné sous sa loi (2). Constantin croit à

---

(1) « *Valetudinem vitiant, morbos citant* », dit Lactance, II, 15.

(2) Il y a des magiciens de tous les degrés et pour toutes les classes, depuis le mathématicien qui lisait la destinée dans les astres et dressait le *thème natal* de tout enfant nouveau-né jusqu'au *sortilège* qui interrogeait le sort par de petits dés

tous les prodiges ; Constance condamne les Chaldéens, magiciens, et autres individus que le vulgaire appelle auteurs de maléfices (1) ; Julien possède une foule de recettes (2) ; Valentinien attribue sa maladie aux maléfices des amis de Julien et affirme sa crédulité dans deux édits (3) ; sous Jovien cependant Libanius dénoncé pour magie n'est pas inquiété. Valens est cruel pour tout ce qui touche à la magie. Théodose confirme les mesures de ces prédécesseurs. C'est toujours contre la magie païenne qu'ils dirigent leurs coups et qu'ils veulent ex-

chargés de figures symboliques, et jusqu'au *conjecteur* qui faisait métier d'interpréter savamment les songes. Un archéologue a relevé dans les écrivains classiques plus de 80 moyens de connaître l'avenir. Marckhardt, *Handbuch der Römischen Alterthümer*, t. IV, 99.

— On disait d'Athanase qu'il était versé dans l'art de consulter le sort et de tirer des augures du vol des oiseaux. Il avait souvent prédit l'avenir. Il pouvait se rendre invisible. Amm. Marc., XV, 7.

« (1) Si quelque magicien ou quelque homme mêlé aux pratiques magiques (que le vulgaire appelle faiseur de maléfices) ou quelque aruspice, ou diseur de bonne aventure, augure ou mathématicien, ou divinateur de songes, est saisi dans notre cour, aucune dignité ne le préservera des tourments et de la mort. »

« Il suffisait que quelqu'un eut consulté un savant sur le cri d'un rat ou la rencontre d'une belette ou quelque autre signe, ou eut employé pour se soulager de ses maux quelque chanson de vieille femme (remède dont la médecine ne conteste pas l'autorité) pour que saisi, dénoncé sans savoir pourquoi, il fut traîné au jugement et bientôt au supplice ». Amm. Marc., XVI, 8.

(2) Amm. Marc., XXI, 1, 6.
(3) Cod. Théod., IX, 16, 7, 8.

tirper « comme pernicieuse et inventée par le diable (1) ».

Les évêques croient au pouvoir magique païen, tout en le discréditant. Synésius est convaincu que l'art de faire des amulettes et des talismans, l'invocation des esprits et leur pouvoir sont choses réelles et utiles. L'évêque de Trimithonte, Spiridon, évoque sa fille Irène pour savoir où se trouve un bijou. Chrysostome n'est pas crédule à ce point, mais il n'en combat pas moins vigoureusement la magie païenne : il déclare digne de la couronne du martyre celui qui, pour guérir, refuse de recourir à ces pratiques, indigne de pardon celui qui est convaincu d'avoir fait usage d'amulettes, d'incantations ou de toute autre pratique de magie. Il remplace tout cela par la résignation et pour ceux à qui cette vertu est inaccessible, par le signe de la croix, les prières aux tombeaux des martyrs, le pèlerinage à quelque cellule de solitaire, l'imposition des mains des évêques.

Les esprits les plus distingués du paganisme n'échappent pas à cette universelle crédulité. Libanius affirme sa foi aux maléfices. Lors de la ruine du temple d'Esculape à Egée, en Cilicie, il écrit au rhéteur Acace : « Après avoir prouvé dans cette harangue admirable la puissance du dieu par les nombreuses inscriptions de ceux qui ont été guéris dans son sanctuaire,

(1) « *Episcopi ut perniciosam a diobolo inventam, sortilegam et magicam artem penitus eradicent* ».

tu décris d'une manière tragique les attaques des athées (chrétiens), la ruine du temple, la profanation des autels, les outrages faits aux suppliants ». Les deux rhéteurs étaient convaincus qu'ils avaient recouvré là la santé. Aussi, Libanius conseille-t-il à ses amis Modeste et Rufin d'y aller (1).

Après cela, qu'on s'étonne de voir le peuple croire au mauvais œil, aux incantations, aux ligatures, aux conjurations cabalistiques; incliner la tête sous la bénédiction de l'évêque ou du moine et déclarer par elle les maladies guéries. Tandis que le païen inscrit sur le parchemin le nom de ses dieux, ou des fleuves, ou quelque formule de prière, le chrétien inscrit le nom de Jésus-Christ, le nom d'un ange ou d'un saint, un texte extrait de l'Evangile et tous deux les portent sur eux afin de se préserver ou de se guérir de tous les maux corporels.

On grave sur des pierres précieuses un portrait ou un nom : l'abrax est alors la pierre puissante par excellence (d'elle est venue la fameuse formule magique du Moyen Age, Abracadabra). A Antioche, presque tous les chrétiens portent ainsi le portrait de Mélèce, l'évêque protecteur de Chrysostome et le nom de Raphaël, l'ange-médecin, est le plus fréquemment employé.

Dans ce courant irrésistible de merveilleux, la pauvre science va à la dérive et l'esprit humain, impuissant à réagir, livré d'ailleurs à la haute di-

---

(1) Lib. *Edit. Wolf. Ep.* 310, 507, 1074, 1434.

rection de la religion pendant quelques siècles, oubliera les méthodes et le savoir des maîtres, et dupe de charlatans ou d'imposteurs ignorera la foi en l'intelligence et en la science sans laquelle il n'est pas de progrès. Dix siècles seront remplis de revenants, d'invocations d'esprits, de mots sacramentels pour conjurer les mauvais sorts, de philtres pour faire naître ou troubler l'amour, de remèdes pour guérir les maladies; l'affreuse Saga pâle, vêtue d'une robe noire retroussée, pieds nus, cheveux épars, fera bouillir au fond des sépulcres les ossements des morts, mêlant à ses préparations magiques le sang des nouveaux-nés ou le suc des plantes vénéneuses, avant que la liberté revenue avec le paganisme de la Renaissance n'émancipe l'esprit et ne le lance ardent dans la voie des modernes progrès.

§ IV. — *Droit.*

Entre les deux époques brillantes du droit de l'Empire, celle des Jurisconsultes au début du IIIe siècle et la période Justinienne (début du VIe), il faut avouer que l'histoire générale du droit manque de documents. L'Orient est seul à nous en présenter quelques traits.

L'absolutisme des Empereurs, les difficultés de gouvernement auxquelles ils se heurtent, les privilèges qu'ils multiplient, l'attitude nouvelle qu'ils prennent à l'égard du christianisme, les exigences de celui-ci, les oppositions de la religion païenne, amènent une lente transformation du droit. La multiplicité des édits, leurs contradictions rendent la jurisprudence compliquée. Pour remédier à l'insuffisance des praticiens, les empereurs essaient de tout prévoir, multiplient les décisions et créent une inextricable confusion. Dès lors, il est difficile de développer les théories générales ébauchées par les grands juristes ; tout le travail est réduit à compiler et à faire des répertoires de jurisprudence.

De là aussi le développement de l'enseignement du droit : il conduit à toutes les fonctions publiques, à la fortune, aux honneurs. Nous verrons vers la fin du siècle les rhéteurs se plaindre amèrement de ce que la nouvelle organisation de l'Empire et le pouvoir soient si favorables aux gens de loi, que le greffier au tribunal ait aujourd'hui plus de crédit que le rhéteur et que pour ces études on délaisse la science du bien dire.

Les écoles célèbres de droit, Béryte, que Justinien nommera « la nourrice des lois », Alexandrie, Césarée, Athènes, sont très fréquentées D'autres écoles sont établies dans les villes principales; Constantinople, à peine fondée, est une ville essentiellement juridique. Les rhéteurs, souvent, s'adjoignent un professeur de droit : un des anciens élèves de Libanius, Olympius, enseigne à Rome ; le rhéteur le rappelle auprès de lui, « admire Rome, mais aime ta ville natale. Tu as une école, un auditoire, l'honneur d'une nomination officielle, mais mon école a besoin de ta parole pour que nos élèves se fortifient dans l'éloquence du barreau (1) ».

Jusqu'à cette époque, le pouvoir impérial a laissé agir la libre initiative dans l'enseignement.

Dès l'école du grammairien, l'enfant acquérait les notions juridiques élémentaires nécessaires pour comprendre les orateurs... Il les développait ensuite à l'école du rhéteur où les discussions sur la valeur et l'interprétation des lois, avaient leur place parmi les exercices. Sans doute, ce n'est souvent « qu'un jeu oratoire sur une lettre stérile, une dialectique toute à la surface, toute de subtilité et de sophistique (2) », avec quelques notions sommaires, imparfaites, stéréotypées. C'est de la casuistique pure.

Puis venait l'étude proprement dite du droit soit dans une école célèbre, soit auprès du professeur que le rhéteur a associé à son enseignement.

D'après Aulu-Gelle les leçons étaient données publiquement en des écoles ouvertes à tout le monde, appelées d'ordinaire *stationes*, parfois *auditoria* : salles spéciales disposées comme celles des rhéteurs, souvent à proximité des bibliothèques publiques.

L'enseignement s'y distribuait sous une double

---

(1) *Ep*. 453.
(2) Flach, *De l'enseignement du Droit ; Etude critique sur l'histoire du Droit romain au Moyen Age*. Ouvrages remarquables qui nous ont été de grande utilité.

forme: il y avait les *stationes docentium* et les *stationes respondentium*.

Les premières constituent le cours à proprement parler. Le professeur expose méthodiquement le droit théorique et abstrait devant son auditoire d'étudiants et le public studieux que cette science intéresse.

Le maître est libre dans le choix de ses sujets. Cependant l'usage partageait en quatre années l'exposé de l'ensemble et des principes du droit. Justinien, dans la constitution qu'il adresse aux professeurs lors de la publication du Digeste et des Constitutions Impériales, nous a conservé ces détails.

La matière se compose de « six ouvrages confus renfermant beaucoup de choses inutiles hors d'usage ou inaccessibles ».

La première année est consacrée aux *Institutes de Gaïus* et aux *Libri Singulares* : alors se faisait la comparaison des diverses idées des jurisconsultes... La deuxième année aux *Commentaires d'Ulpien* sur l'Edit... La troisième aux *Responsa Papiniani* : on se contentait d'y prendre de « brèves notions sur d'amples détails ». La quatrième aux *Responsa Pauli* « ouvrage incomplet et sans ordre ».

Evidemment on n'étudie ainsi qu'une partie du droit.

A cette époque paraissent de nombreux ouvrages à l'usage des étudiants : *Institutiones*, qui renferment un aperçu sur tout le droit civil, *Regulæ*,

Definitiones, Sententiæ. Ces ouvrages méthodiques, de forme très soignée sont souvent la reproduction des cours. Tels les *Institutes de Gaïus* : traité précis et clair, type de l'ouvrage didactique « l'ouvrage élémentaire de droit romain par excellence » de forme en générale parfaite, de langue digne des grands jurisconsultes, est sans doute comme l'a soutenu Dernburg (1) le résumé du cours professé par le célèbre maître et rédigé par lui.

Les *stationes respondentium* sont destinées à la discussion et à la solution des questions soulevées par la pratique. L'intérêt y est plus vif et par là l'auditoire plus nombreux ; auprès des étudiants et des amateurs de droit se rencontrent ceux qui aiment s'initier à la pratique des affaires, les citoyens étrangers eux-mêmes.

Le programme n'avait rien de fixe. Une question de droit était posée et donnait lieu à des débats souvent animés auxquels prenaient part élèves et public, de véritables *disputationes* comme chez les rhéteurs. Le maître dirigeait les discussions et les terminait par une ou plusieurs réponses précises et utiles.

L'Angleterre toujours pratique a conservé ce système dont les avantages sont précieux. Là l'étudiant apprend à parler correctement et à manier la langue juridique ; l'esprit s'habitue à voir le point faible, le point fort d'une discussion, à saisir

---

1. *Die Instituten des Gaïus.* Glasson ne partage pas cette opinion.

rapidement la difficulté ou la délicatesse d'une question, à exprimer une opinion personnelle. Exercice merveilleux pour l'avocat et pour quiconque doit prendre la parole dans les assemblées.

D'ordinaire c'était les mêmes maîtres qui se livraient ainsi selon les heures à l'enseignement didactique et à la pratique des affaires.

Ces maîtres pouvaient être en même temps jurisconsultes et avocats. Leurs élèves payaient un rétribution annuelle et le pouvoir leur accordait de plus en plus immunités et honneurs.

Il est vrai que dans la même mesure se restreint la liberté. A la liberté absolue d'enseigner, succède la nécessité de faire une déclaration à l'autorité compétente. Vers la fin du siècle, Libanius se plaint de la nécessité de produire pour enseigner un certificat du professeur sous lequel on a étudié, ce qui constitue un privilège pour les professeurs de droit au détriment des rhéteurs.

L'autorité s'occupe aussi des étudiants pour les soustraire aux charges incompatibles avec leurs études, mais Valentinien ordonne leur renvoi à leur famille, si à 25 ans leurs études ne sont pas terminées. Ils doivent pour jouir de leurs privilèges se déclarer, prendre leurs inscriptions auprès du magistrat, se conduire dignement. Une surveillance est établie et les verges ou le renvoi sont leur châtiment.

Il ne leur est pas permis de fréquenter les réunions tumultueuses, d'assister trop souvent au spectacle, de rechercher des liaisons dangereuses.

D'après Ulpien, un étudiant qui s'attachait trop vivement à suivre les pas d'une personne même en silence, qui appelait, invitait, provoquait des jeunes filles par paroles, flatteries et caresses était coupable de délit d'injures ; de même s'il séparait les jeunes filles des personnes chargées de les accompagner.

Plus tard Justinien interdira « les jeux indignes, serviles ; les tracasseries à l'égard des maîtres, des condisciples, surtout des nouveaux... Elevons d'abord l'âme, ensuite le langage ».

Déjà les étudiants de chaque année avaient leur nom spécial. En première année on les nomme *Dipondii* (deux as) étudiants de deux sous ; — en deuxième, *Edictales*, étudiants de l'Edit ; — en troisième, *Papinianistes*, à cause de l'étude de Papinien ; étude qu'ils commençaient en célébrant une fête joyeuse ; — en quatrième, *Lytæ*, licenciés ou initiés à la solution des difficultés.

L'année scolaire ne durait que de janvier à juillet. Avec le mois de juillet s'ouvrait la période des fêtes : fêtes des moissons, fêtes des vendanges ; puis les tribunaux sont fermés, enfin les fêtes de la Victoire et les Saturnales.

Au sortir des écoles l'étudiant s'inscrivait comme avocat et s'initiait auprès d'un jurisconsulte à la pratique des affaires, ou encore devenait assesseur ou conseiller de quelque magistrat. Ensuite il devenait avocat libre, avocat du fisc, jurisconsulte, ou entrait dans les rangs des fonctionnaires.

Quant à la valeur de la magistrature et des gens de loi, Libanius nous la révèle en ses discours politiques et confirme la page amère et sarcastique d'Ammien Marcellin.

« Plus d'obstacles à l'odieuse collusion des avocats et des juges qui se frayent concurremment un chemin aux honneurs et à la fortune en vendant les intérêts des petits à l'avide oppression des grands de l'Etat et des chefs de l'armée... Aujourd'hui les tribunaux d'Orient sont infestés d'une espèce rapace et pernicieuse, peste des maisons opulentes et qu'on dirait douée du nez des chiens de Sparte ou de Crète pour dépister un procès et découvrir où gît un litige... » Voici « les fureteurs de chicane, qui usent le seuil des maisons de veuves et d'orphelins, leur franchise est impudeur, leur constance obstination, leur talent vaine et creuse faconde... » Puis « ces professeurs d'une science étouffée dès longtemps sous un chaos de lois discordantes ; gens dont la bouche semble cadenassée, qui sont tantôt silencieux comme une ombre, tantôt d'un sérieux étudié dans leurs réponses, débitées du ton d'un horoscope ou d'un oracle de la Sybille. Tout en eux se paye, jusqu'au bâillement. Jurisconsultes profonds ils citent à tous moments Trébatius, Cascellius, Alphénus et invoqueront même les lois des Aurunces et des Sicaniens, enterrées avec la mère d'Evandre... Viennent les avocats « fronts d'airain, aboyeurs éhontés, qui profitent des préoccupations du juge pour compliquer les questions, éterniser les procès, troubler la paix des familles... de leurs mains on ne se tire que bien tard sucé jusqu'à la moelle ». Enfin ceux « de l'espèce ignare, insolente, effrontée, échappée trop tôt de l'école et qui bat le pavé des rues... capables de prendre le nom d'un auteur ancien pour celui d'un poisson, d'un mets exotique... Il est vrai aussi que les avocats ont affaire à des juges qui ont plus souvent pris leurs degrés à l'école de Philistion ou d'Ésope qu'à celle de Caton et d'Aristide...» (1).

§ V. — *Philosophie.*

Nous avons déjà dit quel lien étroit l'unit à notre sujet. Forme supérieure de l'éducation, couronnement des travaux intellectuels, inséparablement mêlée à la rhétorique, à la religion, aux traditions, elle constitue une partie, non la moindre, de cet ensemble séducteur, conscience de ce siècle et son rayonnement, l'hellénisme.

On n'attend de nous ni l'exposé complet ni la solution des multiples problèmes, posés autour de cette philosophie du IV° siècle ; il nous suffira — heureux si nous y réussissons — d'en établir brièvement les caractères.

Certains esprits poseraient volontiers ici la question préjudicielle et déclareraient qu'il n'y a plus de philosophie à cette époque. C'est un point de vue. Il n'est pas le nôtre : nous ne pensons pas

(1) Amm. Marc. XXX, IV.

que le mysticisme soit exclusif de philosophie, pas plus que le matérialisme ne l'est de poésie.

Toute la vitalité philosophique du IVᵉ siècle est orientale. De l'Orient viennent hommes et idées, luxuriante végétation intellectuelle grandie sur un même sol, mûrie sous un même soleil, unique en son essence, multiple en ses manifestations et où apparaît l'intellectualisme puissant de ces hommes qui ont nom Proclus, Jamblique, Edésius, Maxime, Chrysanthe, Julien, Olympiodore, Hypathie, Thémistius, Libanius, Eusebius, Sopater.

Un même mot les nomme : mystiques. Un même concept anime leurs travaux : la prédominance des idées préternaturelles. Un même dessein les unit : infuser un sang nouveau au paganisme vieilli.

Aussi devant cette marée montante du mysticisme qui va du mysticisme idéaliste ou purement philosophique au mysticisme religieux, ritualiste, théurgique, les divisions ordinaires en périodes et en écoles ne constituent qu'un cadre étroit et une classification arbitraire

Depuis longtemps déjà les multiples formes de l'esprit philosophique païen grec et gréco-romain avaient disparu dans des systèmes imprécis tout pénétrés de l'influence du mouvement des idées surnaturelles : tels le stoïcisme, le pessimisme gnostique, le pythagorisme qui hésite entre les mystères Orphiques et Dionysiaques et le syncrétisme poétique d'Empédocle. La dialectique s'est évanouie en subtilités, la métaphysique en chimères et la science est réduite à la morale et au bon sens.

C'est sur ce terrain ainsi préparé qu'Ammonius Saccas était venu « purifiant les opinions des anciens philosophes et supprimant les rêveries écloses de part et d'autre faisant ressortir l'harmonie des doctrines de Platon et d'Aristote en ce qu'elles ont d'essentiel et de fondamental (1).

Ainsi se fonde la première grande école éclectique, largement ouverte à tous les systèmes et où se réunissent et se fondent ensemble tous les éléments essentiels de la pensée grecque : la dialectique de Platon, la métaphysique d'Aristote, la physique des Stoïciens, les éléments mystiques de la pensée orientale (2).

Parmi les emprunts faits par Plotin, qui fut le penseur le plus logique et le plus complet de l'époque, Chaignet signale (3) : la doctrine de l'Être enfermé en soi, parfait, immuable, des Éléates ; l'unité pythagoricienne, principe des nombres et par suite des choses en leur essence idéale ; la conception de Platon de l'âme et du bien ; de la raison d'Anaxagore ; de l'acte d'Aristote, opposé à la puissance, moteur immobile de l'universalité des choses ; de la vie, de l'unité, de la divinité de la nature des Stoïciens avec leur austère morale.

Il est clair qu'il s'y mêle des conceptions trans-

(1) Hiéroclès, cit. par Vacherot.
(2) Benn. *Greek philosophers*.
(3) Chaignet. *Hist. de la psychologie grecque*.

cendantes qui appartiennent bien à l'Orient : la théorie des deux fois nés, celle de l'extase, celle de la simplification comme moyen de s'unir au divin, celle de l'absorption de l'individu dans l'unité absolue, celle d'un principe premier dans lequel il n'y a ni pensée, ni volonté, ni activité.

La poursuite de l'unité philosophique sous l'égide de Platon caractérise toute cette période jusqu'à Jamblique. Le nom séducteur de Platon domine alors tous les autres : le sentiment religieux de sa philosophie, les expressions mystiques qui s'y rencontrent, ses mythes sur la préexistence de l'âme et sa chute dans un corps mortel, tout cela s'harmonise admirablement avec le mouvement et les besoins de la pensée à cette époque.

De là vient que la philosophie positive et rationaliste nie le caractère scientifique et la valeur philosophique de tout ce siècle : « Plotin comme Platon est tellement épris de l'idéal du bien, qu'il conclut sans preuve de sa beauté à sa bonté et à son existence... Ce n'est plus de la science ou des hypothèses raisonnées et scientifiques, ce sont des rêveries mystiques, un poème de théologie orientale (1).

« Plotin n'eut d'autre but que le rétablissement d'un culte plus idéal de la divinité » (2).

Il nous semble que ce n'est voir qu'un aspect du travail philosophique, aspect dont la nouveauté,

(1) Fouillée.
(2) Amélineau.

l'étrangeté même peuvent tromper sur l'importance... Cet envahissement des contemplations et des procédés de l'esprit oriental attire l'attention plus vivement que l'immense labeur philosophique qui se dissimule sous ce vernis d'un brillant fascinateur.

C'est avec Jamblique surtout que « le divin rentre avec violence » et la religion devient le souci principal de la pensée. Le mouvement de la période précédente s'accentue et s'exagère ; ce n'est pas seulement l'unité philosophique, c'est aussi l'unité religieuse dans un éclectisme non moins compréhensif que le premier que l'on poursuit. « Le philosophe n'est pas le prêtre d'une religion, mais de toutes ».

L'idée dominante est d'établir les rapports de la philosophie et des mythes et théogonies grecs et orientaux, généraliser ces relations et les systématiser toujours plus — donner à tout cela une apparente rigueur scientifique — appuyer l'une sur l'autre la philosophie et la religion et ainsi étendre leur sphère d'action.

Cette religion philosophique restera la part de la foule ignorante ; les esprits élevés recevront, comme une communication d'Hermès, cette philosophie religieuse.

Pour agir sur l'élite intellectuelle, il fallut créer le symbolisme ; pour agir sur le peuple, les pratiques rituelles, théurgiques devinrent nécessaires. Les esprits qui conçurent et réalisèrent cette grandiose évolution sont loin d'être des impuissants ou des dégénérés. Il peut nous être facile, après expérience faite, de leur reprocher de n'avoir pas prévu l'incompatibilité de leur double mouvement: le symbolisme n'est pas fait pour le peuple qui ne le comprend pas, et préférera toujours son Dieu absurde mais réel à un Dieu-idée ; les pratiques religieuses font inévitablement sourire le philosophe ; ainsi de cette séparation trop absolue devait naître l'infécondité, l'insuccès.

Ce n'en était pas moins une merveilleuse entreprise : « remettre un souffle de vie dans les ombres de ces Déités défuntes, et restaurer la belle croyance païenne en donnant un nouveau sens à ses symboles » (1). C'était l'heure d'écrire comment les Dieux reviennent. Qu'on revoie toute la série des Dieux de Jamblique, ses Dieux pasteurs et ses Dieux chasseurs ; Dieux aux occupations souvent puériles, grotesques, scandaleuses, pour ceux qui n'en veulent pas voir le Symbolisme et préfèrent en faire une critique plaisante et intéressée, comme fit saint Augustin pour les Dieux du mariage (2), on verra quel puissant effort intellectuel fut réalisé alors au profit du symbolisme et du mysticisme, au détriment souvent du mystérieux, de la poésie et du merveilleux.

Les ouvriers de cette création eurent-ils « une foi sincère et véritablement dévote à toutes les

1. Benn, *l. c.*
2. *De civ. Dei*, VI, 9.

croyances et à toutes les pratiques des anciennes religions » comme Vacherot l'affirme de Jamblique ? Oui, pourvu qu'on se souvienne que pour eux croyances et pratiques sont symboliques, et que ces mystiques sont ainsi, sous ces formes multiples, les fidèles de la grande religion universelle.

Il ne faut pas oublier que ce mouvement religieux était général alors, fruit de la réviviscence de l'esprit oriental et du platonisme et de l'action énergique imprimée par le christianisme et les hérésies.

Est-ce d'un plan arrêté de combat contre la religion chrétienne qu'est sortie cette transformation philosophique ? Je ne le pense pas, bien qu'elle constitue le plus puissant effort de l'idée païenne contre l'idée chrétienne.

On ne trouve pas assez de tendances polémistes ou apologétiques dans les œuvres de ces philosophes pour conclure à une volonté de lutte… Mais il me paraît certain que ce fut par réaction naturelle contre le christianisme triomphant que se fit ce travail instinctif de défense.

Les progrès de la religion nouvelle, l'abus qu'elle fait du pouvoir dès qu'elle y parvient, l'intolérance qu'elle professe, les ruines qu'elle amoncelle et les persécutions qu'elle suscite, les railleries et les injures dont elle couvre philosophes et philosophie, prêtres et Dieux, tout cela manifeste que non seulement la grande tradition des ancêtres et les croyances consolatrices sont en danger, mais encore avec elles le fondement de la civilisation humaine, la liberté de penser que les religions et les philosophies de l'antiquité avaient respectée.

De tels périls aident aux évolutions naturelles d'ailleurs et nécessaires. Aussi l'antagonisme de la religion chrétienne contribua évidemment à imprimer à la philosophie d'alors son caractère religieux.

De là aussi les exagérations. Le philosophe se fait prêtre, il a des rapports avec la divinité, il dogmatise, il fait des miracles. Jamblique, aux bains de Gadara, touche l'eau, murmure quelques mots et deux enfants en sortent qui l'entourent de leurs bras. Proclus reçoit en songe des communications divines... On en vient à opposer révélations à révélations, miracles à miracles.

La contemplation idéale des premiers néo-platoniciens s'est transformée : un quiétisme plus accentué lui a succédé. « Pour trouver le Bien, il faut suspendre toutes les puissances intellectuelles par le repos et le néant de l'intelligence ». « Nous devons attendre en silence que la lumière divine nous apparaisse comme l'œil attend tourné vers l'horizon le soleil qui va se lever... La pensée est comme le flot qui nous porte et qui en se gonflant nous soulève en sorte que de sa cime tout à coup nous voyons ».

Auprès de ce quiétisme, la théurgie. Par des pratiques extérieures, des prières et des rites que la divinité avait révélés aux hommes, on s'unissait à elle. Souvent il fallait se borner à des rapports avec les dieux intermédiaires. . L'âme trop faible pour monter leur demandait de descendre. « Le ravissement en Dieu n'est pas une œuvre humaine, Dieu en est l'unique auteur sans que l'âme et le corps y soient pour rien ».

L'extase qu'avaient connue les grands philosophes « l'acte le plus élevé de la raison revenant à son origine, de l'intelligence première » « la divine musique, l'ivresse philosophique, le délire scientifique où l'esprit s'élève au-dessus de lui-même dans une soudaine et vive illumination » devient pour l'ordinaire une pratique superstitieuse et mensongère dont le résultat est la stupeur et la folie.

Tous ne tombent pas en ces aberrations. Ainsi Eusebius de Myndes (Carie) dans sa conférence devant Julien, si curieux cependant de pratiques théurgiques, estime que les prestiges qui trompent et séduisent la sensation, sont l'œuvre de faiseurs de prodiges qui nous induisent en erreur et sont fous eux-mêmes. Sans nier, ni affirmer que Maxime ait fait rire la statue d'Hécate et s'allumer toutes seules les lampes du sanctuaire, il conseille à Julien de ne pas trop admirer ce magicien théâtral et de considérer comme la seule grande chose de la vie, la purification de l'âme par la raison. (1)

Est-ce à dire que tout cède à la préoccupation

(1) Porph., *Ep. ad Anebonem*, contre « ces gens qui arrivent à un transport divin par le son des cymbales, un chant consacré, une certaine eau, une certaine vapeur, des caractères

religieuse et qu'il n'y a plus ni philosophes, ni philosophie, mais des crédules, des exaltés livrés à toutes les aberrations du sens religieux exacerbé?

Pour être entrée hardiment dans le temple et s'y être complue, la philosophie n'a pas complètement abdiqué son rôle. Elle subtilise, raffine, divise à l'infini et dans ses abus mêmes conserve et cultive la forte logique de Platon. Elle explore tous les mystères « interrogeant çà et là ces muets symboles, qui comme autant de sphinx lui jettent leurs inexplicables énigmes » (1) elle se plonge dans le divin, s'égare dans le système des hypostases essaie de concilier l'unité divine et la multiplicité idéale en Dieu, mais auprès des aberrations nous garde la haute métaphysique et la forte psychologie. Elle préconise une morale qui n'est pas sans grandeur et si au suicide si facilement accepté par l'ancienne philosophie elle ne trouve à substituer que l'ascétisme qui est presque un suicide moral, elle n'en marque pas moins une étape vers le progrès. « On ne s'élève pas encore à l'humanité,

---

sacrés. Il est à craindre que ce ne soit que des imposteurs ».

Jamblique réfute la protestation de son maître Porphyre. Son *De mysteriis liber*, est le pacte d'alliance conclu en un jour de détresse entre la science et la fable, pour appuyer l'école au temple.

La *Vie des savants*, par Eunape ne diffère pas essentiellement de nos contes de sorciers.

Les prédictions, les évocations, les opérations miraculeuses deviennent les signes ordinaires de la vocation philosophique.

(1) Vacherot.

mais on s'y prépare»(1); on sait quelle grande préoccupation de haute morale humaine, dont la tolérance est la plus belle fleur, se rencontre chez tous les philosophes d'alors : il suffit pour s'en convaincre de feuilleter Jamblique, Julien, Libanius et Thémistius.

Leur œuvre ne fut pas non plus tant de créer que de vulgariser. Ils laissent les grands problèmes tels qu'ils les ont trouvés. Ils reproduisent sous une forme plus explicite, plus méthodique les conceptions de Plotin. « C'est à l'œuvre de diffusion, de pénétration extérieure, d'organisation interne que, après Plotin, se dévoue l'école néo-platonicienne avec un désintéressement absolu, une abnégation parfaite, une énergie, une continuité d'efforts, de travail et d'ardeur vraiment admirables » (2).

Tel fut le côté philosophique de leur œuvre ; il est assez grand pour mériter l'admiration de la postérité et sa reconnaissance pour l'action puissante qu'il exerça dans le monde des idées.

Le mépris trop irrité du christianisme, le grand adversaire de la philosophie, témoigne assez qu'il redoute son influence. « Oui, dans les carrefours, ils passent pour de grands hommes, ils entretiennent avec soin leurs boucles de cheveux, ils se drapent dans leur manteau : C'est toute la philosophie... Regardez au dedans, vous n'y verrez que cendre et poussière, impureté, corruption, pourriture...

---

(1) Lewes, *The history of philosophy.*
(2) Chaignet, *Hist. de la psychol. grecq.*

Leurs quelques connaissances viennent de nos ancêtres en Egypte... L'âme devient un arbuste, un chien, un poisson... Dieu c'est l'eau, le feu, l'air... Si j'exposais leur doctrine, vous l'accueilleriez d'un immense éclat de rire » (1). Il faut lire dans Chrysostôme la II° Homélie sur S. Jean pour voir avec quelle âpre partialité les chrétiens parlent de la philosophie.

Ils ne laissent pas moins Platon et le néo-platonisme pénétrer chez eux ; y exercer une influence considérable « tout ce qu'il y a de philosophie dans les Pères de l'Eglise, tout ce qui servira de fondement rationnel à la scolastique du Moyen âge est précisément le néo-platonisme » (2) Jérôme « lit assez Empédocle et Platon pour en retenir beaucoup de pures maximes qu'il croyait plus tard avoir apprises dans les Epîtres des Apôtres (3) ». Apulée le crédule railleur, le religieux critique des superstitions, n'est-il pas avant tout le sage qui boit à la source des grands philosophes et si l'on veut connaître son Dieu, il faut le demander à Platon » (4) Augustin ne fut-il pas néo-platonicien pendant la plus brillante période de sa vie et ne fait-il pas tomber les préventions que manifestaient certains auteurs effrayés par l'adage de Tertullien : Platon est le père des hérésies.

(1) J. Chrysost. *Hom. LXVI sur St Jean.*
(2) Chaignet, *l. c.*
(3) Villemain.
(4) Guimet, *Le Dieu d'Apulée.*

Au fond n'est-ce pas dans le christianisme et le néo-platonisme la même métaphysique, la même morale, la même foi dans la conception de la vie religieuse : l'union mystique avec Dieu opérée par le renoncement... Les idées et les termes mêmes : conversion, retour à Dieu, édification, appartiennent au néo-platonisme. La doctrine de la chute des âmes, la croyance à des êtres intermédiaires entre l'homme et Dieu, la doctrine du Logos, des trois principes divins leur sont communes. L'abîme creusé entre la réalité et le rêve, la nature et la conscience, la terre et le ciel, se comble par la foi, disent les chrétiens, par l'extase, disent les néoplatoniciens.

L'influence de ces philosophes se continuera en Perse, puis sur les Arabes et les Juifs, pénètrera le Moyen Age, et aujourd'hui « leur psychologie vit encore tout entière dans notre philosophie moderne à peine dissimulée sous les formes d'exposition ; nous n'avons rien ajouté d'essentiel à leur esthétique. Qui a mieux parlé qu'eux du beau, du bien, des visibles harmonies et de leurs fondements dans les invisibles harmonies du monde idéal ? (1) »

La philosophie du IVe siècle n'est donc pas un fruit pourri qui tombe ; c'est un fruit qui, au siècle suivant, garde toute sa saveur à l'école d'Athènes, c'est un fruit vivace que va tenter de détruire l'arbitraire décret de Justinien (529).

(1) Chaignet. *Hist. de la psychologie grecque.*

Nous n'exagérions point en parlant de renouveau intellectuel au IV° siècle. Si la tentative de restauration religieuse fut stérile, elle n'en fut pas moins une conception géniale : unifier en un électisme puissant et libéral, religion et philosophie, théogonie grecque et mythologie orientale ; édifier un Panthéon intellectuel et religieux d'où sortait une perpétuelle leçon de tolérance pour les œuvres, d'anti-dogmatisme pour les idées. C'est la suprême floraison et la synthèse dernière de cet hellénisme séducteur dont Julien saluait Jamblique comme le sauveur. C'est la plus compréhensive et la plus universelle des philosophies. « L'un regarde comme une prière de se livrer à la méditation de ses enseignements » tandis qu'un autre y trouve l'expression de tous les arts et de toutes les sciences. Elle a tant de charmes que Synésius veut bien accepter l'épiscopat mais à condition de continuer à philosopher chez lui comme il l'entend ; et Hypathie au sortir de l'étude de la musique, de la géométrie, de l'astronomie, vient y chercher la possession de la félicité suprême et de la vérité. Elle satisfait chez Maxime le goût du mystérieux, chez Libanius ses goûts artistiques, chez Thémistius qui « commence son sacrifice à Aristote et le termine par un hommage à la sainte doctrine de Platon » son amour de la tolérance et son espoir de religion universelle. Elle a pour fidèles et ceux qui enivrent leurs pensées des doctrines de Platon, et ceux que satisfait la gravité d'Aristote et ceux qui ne peuvent se résoudre à abandonner les charmes religieux et poétiques de l'Orient grec « les intelligibles formes des vieux poètes, les belles humanités de la vieille religion; le pouvoir, la beauté, la majesté qui avaient leurs retraites dans les vallons, sur les monts solitaires, au fond des forêts, auprès des tranquilles ruisseaux, des sources caillouteuses ou dans les abîmes et les profondeurs des eaux... évanouies un instant, mortes en la foi des intelligences... mais toujours le cœur a besoin d'un langage, toujours le vieil instinct doit ramener les vieux noms et du haut du monde étoilé sor* maintenant revenus les esprits ou les Dieux qui aiment partager cette terre avec l'homme comme avec un ami » (1).

Une telle philosophie est elle faite pour le triomphe ? L'histoire nous permet l'espoir sans nous le conseiller. Mais le laborieux effort, les hautes idées, les belles émotions de conscience et de goût qu'elle décèle, malgré ses imperfections, légitiment nos tentatives à reprendre contact avec ces prétendues fleurs de décadence !

(1) Coleridge Trad. de « *Piccolomini* ».

CHAPITRE IV

LA FAMILLE, LE PÉDAGOGUE, L'ÉTUDIANT

§ 1. — *La famille*

Le premier ouvrier de l'éducation, sinon de l'instruction, le terrain le plus favorable à l'éclosion des germes de bien et d'honneur en l'âme de l'enfant, c'est la famille. Les impressions reçues là suivent dans la vie, elles se voilent sans disparaître ; c'est une sève qui rarement quitte la tige. « Telle est la terre où la plante a levé, tel son fruit : si la terre est sablonneuse et âcre, le fruit de même le sera ; si elle est grasse et douce, le fruit est doux et gras (1). »

On sait l'importance que la pédagogie contemporaine attache à ce point. Elle appelle l'attention non seulement sur l'heure où l'enfant arrête son regard interrogateur sur ce qui l'entoure, mais même sur le temps mystérieux où, avant d'être à la lumière, il serait déjà pénétré d'influences physiques et morales.

Sans atteindre à cette perfection de vigilance, la famille du IV⁰ siècle remplit son rôle naturel,

(1) J. Chrysost., *Homél. sur l'Epître aux Colossiens*.

invitée d'ailleurs et excitée par les maîtres, les moralistes païens, les prédicateurs chrétiens.

Chrysostome va nous initier à la direction chrétienne. Le christianisme, à cette époque, ne conseille pas la culture intellectuelle ; la vie religieuse est sa constante préoccupation. Le reste ne compte guère ; à peine une couche de peinture sur un mur. La vanité de la gloire et de la fortune est le fond de sa doctrine, avec le salut de l'âme, unique but à atteindre. Les idées de charité, de solidarité, de dévouement, n'ont pas encore place en cette prédication.

Aussi la verve sarcastique de notre orateur s'attaque aux auteurs profanes. « Les héros qu'ils présentent à l'admiration de vos enfants sont les esclaves du vice et tremblent devant la mort : témoin cet Achille, si habile et si changeant, qui meurt pour une concubine ; tel autre qui s'éteint dans l'orgie (1) ». Il revient volontiers à ces philosophes, dont il sait les hautes méditations qu'admirent les sages de tous les temps, mais dont il relève avec joie les erreurs, les contradictions, « ils ont entrevu quelques vérités, posé certains principes. mais que de puérilités qui feraient rire si elles ne faisaient rougir ». Il blâme l'incroyable débordement de leurs discours, « l'Euripe offre moins d'inconstance et d'agitation dans ses flots qu'ils n'en mon-

(1) J. Chrysost., *XXIe Homélie sur l'Epître aux Ephésiens*.

trent dans leurs paroles (1) ». Il triomphe de voir Socrate dédaigner l'éloquence (2) : « Ne considérez donc point une élocution brillante comme indispensable à des philosophes ni même à des hommes : voyez-y plutôt une étude propre à exercer l'émulation et à occuper les loisirs des adolescents; telle est l'opinion des philosophes, du plus grand de tous qui n'a pas voulu pour son maître d'un ornement qu'il jugeait indigne du génie philosophique (3) ».

L'éloquent rhéteur trouve là un triomphe facile, mais peut-être eût-il pu y apporter plus de tempérament, de réserve, et soutenir sa thèse chrétienne sans discréditer le savoir profane, la sagesse extérieure, comme il disait (4).

D'ailleurs, l'insistance qu'il y apporte et l'exagération de ses reproches montrent qu'il obtenait peu de son auditoire chrétien. Ces attaques peu redoutables avaient un double avantage : éveiller le souci de l'éducation des enfants, élever cette préoccupation à une hauteur que n'atteignent pas souvent les leçons de l'école. « A ne pas savoir bien dire, rien n'est perdu; à ne pas savoir bien vivre, aucun profit, eût-on d'ailleurs toute la rhétorique du monde. Il faut des mœurs et non des raisonne-

(1) J. Chrysost., *IIe Homélie sur saint Jean*.
(2) Platon, *Apologie de Socrate*.
(3) *Ier discours contre les adversaires de la vie monastique*.
(4) τὴν ἔξωθην σοφίαν.

ments, de la vertu et non de la véhémence, des œuvres et non des discours. Purifiez l'âme au lieu d'affiner la langue (1) ». De tels conseils, d'où qu'ils viennent, sont bons à recueillir.

Sur le terrain de la grande morale humaine, il se rencontre d'ailleurs avec les maîtres païens, mais avec plus d'énergie et plus d'autorité qu'eux, il rappelle la famille au devoir. « Que vos enfants soient pour vous comme des statues d'or qui orneraient votre maison ; cultivez tous les jours en eux les nobles sentiments ; étudiez-les avec attention, embellissez et façonnez leur âme... C'est notre négligence qui engendre la malice de nos enfants, c'est notre insouciance à les diriger dès le bas âge (2) ». « Ecoutez bien, pères et mères, vous trouverez votre bonheur dans l'éducation de vos enfants ». La tâche n'est pas facile. « La jeunesse est intraitable ; elle n'a jamais assez d'instituteurs, de maîtres, de guides, de moniteurs, de gardiens. Heureux encore quand, avec tout cela, on la gouverne ! Un cheval indomptable, une bête féroce qu'on ne saurait apprivoiser : voilà ce qu'est la jeunesse (3) ! »

Pour combattre l'insouciante faiblesse, les étranges calculs de la famille, il reprend les pensées des sages : « Pour améliorer nos terres nous employons tous les moyens ; nous les remettons à l'homme le plus digne de confiance, nous cherchons le meil-

(1) *XXIe Hom. sur l'Epit. aux Ephésiens.*
(2) J. Chrysost., *Homélie sur les veuves.*
(3) *IXe Homélie sur la 1re Epitre à Timothée.*

leur laboureur, le plus habile économe, le dispensateur le plus intègre ; s'agit-il de ce que nous avons de plus précieux, d'un fils, dont l'éducation est à faire, nous n'y regardons pas de si près, bien que de toutes nos possessions ce soit la plus chère, et que toutes les autres aient celle-là pour objet. Nous sommes très préoccupés de sa fortune, nullement de sa valeur ! Quelle inconséquence ! (1) ». C'est le mot que Cratès voulait crier de l'endroit le plus élevé d'Athènes : « Hommes, à quoi songez-vous quand vous mettez tout en œuvre pour amasser des richesses et que vous prenez si peu de soin des enfants à qui vous devez les laisser (2) ».

Les parents n'ont pas tout fait lorsqu'ils ont donné à leurs fils des valets, des chevaux, des manteaux précieux. S'ils veulent éviter la honte de voir le juge punir et rappeler à la sagesse celui qui a si longtemps vécu à leur foyer, qu'ils ne le conduisent pas dans les théâtres et les festins où des servantes impudiques, des jeunes filles perdues, des esclaves débauchés le perdront. Que leurs fils ne salissent pas leurs lèvres des chants lascifs et dissolus qu'aiment les cuisinières, les maîtres d'hôtel, les danseurs.. Attention aux complaisances des serviteurs qui, pour se créer des maîtres plus doux à l'avenir, les rendent dépravés, pervers, indignes de toute estime.

(1) *Id.*
(2) Plutarque, *De l'éducat. des Enfants.*

Chrysostome se plaint encore du but trop utilitaire, de l'encouragement à un travail trop intéressé : « Plus pressants que les hérauts des Jeux Olympiques, nous leur rappelons souvent que la pauvreté vient de l'ignorance, que la richesse est fille du savoir ». Ils choisissent en exemple « un tel, issu de parents obscurs, aujourd'hui au comble de la fortune, époux d'une femme de famille opulente, vivant dans les splendides palais qu'il a construits, redouté ou admiré de tous » ; « tel autre que son savoir a amené à prendre un rang distingué à la cour », et les noms des hommes parvenus se succèdent. « Tels sont les refrains dont vous bercez vos enfants dès le début ! Et vous ne leur enseignez que la voie où ils trouveront tous les maux réunis ; vous leur inculquez les passions les plus tyranniques ; la passion des richesses, la passion de la vaine gloire encore plus criminelle (1) ». C'est la thèse excessive et un peu amère du moraliste chrétien pour qui tout est vanité hors la piété.

De ces reproches et de ces conseils ressort que la famille n'a pas renié son devoir. L'enfant a sa place marquée au foyer ; sous la double influence de la philosophie et du christianisme, le tyrannique exclusivisme de la famille romaine a disparu, sans laisser place encore à la fâcheuse prédominance que nos théories égalitaires ont donnée à l'enfant.

Il pourrait paraître — tant nous nous représen-

(1) *IIIe discours contre les adversaires de la vie monastique.*

tons différentes des nôtres les vices lointains ou étrangères ! — que l'homme seul joue un rôle dans cette éducation, alors que la femme, sous la rigueur du droit romain, demeure la créature inférieure que l'on sait, ou sous le despotisme jaloux des coutumes orientales, l'ignorée, la cachée : ce serait se tromper étrangement.

Chrysostome invite les mères à entendre avec soin ses conseils, « puisque la femme a le droit d'élever ses enfants (1) ». « A l'homme les voyages, l'agora, les affaires de la cité, à la femme d'occuper ses loisirs autour de ses enfants des deux sexes. Ainsi faisaient les femmes dans l'antiquité (2). »

Elles s'occuperont plus spécialement des filles : « Vous surtout mères, donnez-leur une parfaite direction. Faites-leur aimer la maison... La jeune fille ne doit quitter le toit paternel que pour la maison conjugale, comme un athlète qui sort de la palestre instruit et prêt à tous les combats. Elle doit avoir la science et la sagesse qui lui permettront de former la maison entière à l'image de sa beauté (3) ».

Les jeunes filles ne fréquentent pas, pour lors, les écoles, sauf l'école primaire. « Une fille est un sujet de grand souci, exempt toutefois de fortes dépenses et de crainte. Mais un fils cause chaque jour de continuelles alarmes ; que de soucis et d'inquiétudes ! sans parler des sommes énormes qu'il

---

(1) *IX⁰ Hom. sur la Iʳᵉ Epître à Timothée.*
(2) *Iᵉʳ discours sur Anne.*
(3) *IX⁰ Hom. sur la Iʳᵉ Epître à Timothée.*

faut sacrifier si l'on veut lui donner une éducation libérale (1) ». Ainsi s'exprime la mère de Chrysostome.

Aussi est-ce le père qui assume la tâche de veiller à la formation des fils. L'homme plus pratique, plus résolu, plus énergique, y est plus apte. Les mères habiles toujours, surtout lorsqu'elles sont inquiètes, exerçaient aussi leur action moins apparente et souvent d'autant plus puissante. Chrysostome nous parle des artifices d'une mère pour conserver auprès d'elle un fils que le père, sorti des camps, veut y envoyer. Elle lui fait comprendre que l'étude des lettres est souverainement utile, même aux personnes qui embrassent la carrière des armes... Puis, afin de le soustraire aux influences et le livrer à l'action du solitaire qu'elle lui donne pour maître, elle leur fait occuper une habitation privée (2).

Aussi, à défaut du père, des mères vaillantes comme celles de Chrysostome et de Libanius, ne reculeront pas devant ce lourd fardeau. Quelles touchantes figures de mères anxieuses et dévouées ! Nées au sein de l'opulence, toutes deux veuves dans leur jeunesse, elles résistent aux sollicitations des prétendants, tiennent tête aux peines, aux embarras du veuvage afin de se vouer toute à leurs fils. Et ces enfants, émules de gloire, rivaliseront de

(1) *Du sacerdoce.*
(2) *IIIe discours contre les adversaires de la vie monastique*

tendresse et nous laisseront tous deux de leur mère un discret et touchant éloge.

Il est vrai que la mère de Libanius ne sait pas le contredire, lui faire peine et qu'il faudra toutes les instances de son oncle pour que, malgré ses craintes, elle le laisse partir pour Athènes (1). Lorsque Chrysostome voudra partir avec son ami Basile, pratiquer la philosophie dans les grottes des solitaires, sa mère ne pourra s'y résoudre. « Je ne vous rappelle pas mes bienfaits pour vous les reprocher, mais pour vous faire comprendre combien je vous ai aimé et combien je vous aime... O vous mon fils si vous m'aimez, je vous en conjure, épargnez ma faiblesse, ayez pitié de moi, ne me rendez pas veuve une seconde fois et craignez de renouveler ma douleur que le temps avait assoupie. Attendez plutôt que je meure, peut-être sera-ce bientôt » (2) !

De l'habileté, de la faiblesse, un peu d'égoïsme, un dévouement qui n'a d'égal qu'une tendresse sans mesure : ne sont-ce pas les éléments de toute éducation maternelle ?

Pourquoi passe-t-on toujours sous silence cette influence des mères, comme si depuis longtemps la femme n'avait sa place et son rôle prépondérant au foyer. Julien s'étonne de voir exiger de la femme toute vertu et la priver de toute louange. « Homère n'a pas rougi de louer Pénélope et l'é-

(1) Lib. *Sur sa propre fortune*, Ed. Reiske, p. 12.
(2) *Du Sacerdoce*.

pouse d'Alcinoüs... Nous ne rougissons pas de recevoir un bienfait d'une femme, pourquoi hésiter à lui en rendre grâce » (1).

§ II. *Le Pédagogue*

La paternité est une source abondante d'amour mais pour réaliser ce qui est le plus utile à l'enfant, il faut quelque chose de plus que la paternité et l'amour : c'est pourquoi les parents remettent leurs fils aux soins des maîtres et des pédagogues » (2).

Le Pédagogue est donc le suppléant de la famille, alors que le temps manque au père, l'énergie à la mère, la science parfois à tous deux (3).

Il n'est ni le valet de l'enfant, ni son maître ; son rôle est celui d'un répétiteur, d'un surveillant, d'un gouverneur, « le pédagogue dirige, le maître enseigne » (4). Tout ce qui touche à l'éducation proprement dite est de son domaine : c'est le « gardien de la sagesse et des mœurs » (5).

Souvent il donne à la maison les notions élémentaires que le premier maître distribue dans les

---

(1) *Eloge d'Eusébie*, Or. III, p. 146.
(2) Jn. Chrys *Premier Discours contre les adversaires de la vie monastique.*
(3) Juv. VII, 209. « Qui preceptorem sancti voluere parentis. Esse loco ».
(4) « *Educit obstetrix, educat* i. e. *nutrit nutrix, instituit pœdagogus, docet magister* ». Varro ap. Nonnium.
(5) σωφροσύνης φυλαξ, Lib. Ed. Reiske, I. 525. Cf. Rossignol, p. 70, Ch. VI, n° 12 Ch. IX, p. 887. Naudet, p. 410. 240, 249. Gronov. *Suppl. ant.* IX, p. 429. Jac. Claud. *De nutric. et pædag.*

écoles d'enfants. Il conduit ses élèves aux leçons des Grammairiens, puis des rhéteurs ; il les accompagne même, rarement il est vrai, dans leur séjour auprès des sophistes en renom. La famille lui laisse parfois le soin de choisir parmi les professeurs celui à qui il conduira l'enfant : gage de confiance qui augmente son prestige. Il a quelquefois autorité sur les esclaves ; un de ceux-ci l'accompagne et porte le petit bagage scolaire. Il a le titre de maître, parce qu'il a le soin des mœurs et du travail et ne manque jamais de porter la canne courte, emblême de son autorité, à la promenade, au théâtre, aux bains, aux écoles, partout où il suit son élève (1).

Si l'on en croit Théon, il exerce sévèrement son pouvoir. « Le pédagogue est encore plus dur que les professeurs ; il est toujours là, lié pour ainsi dire à sa victime, toujours avec des reproches, des objurgations, des excitations. Pour des riens il punit avec violence ; il suit toujours armé de sa canne ou de son fouet ». Au reste c'est vieux, maussade et sévère qu'on le représente; Néron déjà reprochait à Pœtus Thraséas (2), la trop triste figure de son précepteur.

Il est vrai que ce perpétuel tête à tête avec l'enfant « le plus intraitable des animaux », dit Platon et qui a plus besoin de la constante vigilance d'un pédagogue que les brebis ne l'ont d'un pasteur, ne devait pas être gai.

(1) Hor. I, *Sat.* VI 81.
(2) Suet. *Ner.* 37.

Le pédagogue prenait l'enfant lorsqu'il quittait les bras de sa nourrice et devait lui apprendre à faire les premiers pas dans la vertu, à marcher modestement dans les rues, « à ne toucher à la salaison que d'un doigt, à en mettre deux pour le poisson, le pain, la viande, à se gratter de cette manière-ci, à s'habiller de cette manière-là, à ne pas se balancer sur ses pieds, à se lever devant les vieillards, à être affectueux avec ses parents, à ne pas se dissiper, à ne pas jouer aux jeux de hasard (1) ». Il évoquait les vieux souvenirs du pays, de la famille, les noms de ceux qui furent utiles à la cité ou remarquables par leurs mœurs (2).

Le champ est vaste on le voit et lorsque le pédagogue est à la hauteur de sa mission, il est bien « le bon génie de la maison » (3).

Julien nous a laissé sur son pédagogue des pages qui me semblent dignes d'être mises en lumière ; elles sont extraites du *Misopogon* et par conséquent répondent aux reproches et aux railleries des habitants d'Antioche.

... Mon pédagogue m'a appris à aborder les maîtres les yeux baissés vers la terre et non levés vers le théâtre, à estimer davantage l'esprit que la figure... C'est à ce pédagogue très importun qu'il faut vous en prendre : c'est lui qui a fait naître en mon âme ce que vous y condamnez... Il croyait cepen-

---

(1) Plut. *Si la vertu se peut enseigner ?*
(2) Arist. le Rhét. *In Plat.* II, 95 Edit. Jebb.
(3) Diogène Laert.

dant faire chose utile et s'y appliquait avec ardeur... Ce que vous nommez sauvagerie, il l'appelait je crois gravité, tempérance ce que vous nommez stupidité et force la résistance aux plaisirs. Il ajoutait que le bonheur n'était pas dans la plénitude des jouissances.

J'étais encore bien enfant, (j'en atteste Jupiter et les Muses), lorsqu'il me disait : Ne te laisse pas entraîner au théâtre par la foule de tes camarades, ne te laisse pas prendre de désir pour ces spectacles. Aimes-tu les jeux du cirque? Tu les trouveras fort élégamment décrits par Homère ; prends le livre et lis... On te parle des danses des histrions ! Les jeunes gens chez les Phéaciens dansent plus vigoureusement. Là tu as pour citharistе Phémius, pour chanteur Démodocus.

Si vous voulez je vous dirai le nom et la race de ce précepteur. C'était un barbare, ma foi, un Scythe ; il se nommait Mardonius, comme celui qui entraîna Xerxès à faire la guerre à la Grèce et à la noble Argos. Ce nom qui il y a vingt mois était plein d'honneur est aujourd'hui plein de mépris. Il était eunuque, mon aïeul l'avait fait instruire afin qu'il puisse expliquer à ma mère les poèmes d'Homère et d'Hésiode. Peu après elle mourut me laissant seul ; et alors comme une vierge orpheline et sans appuis, arrachée à de nombreux malheurs, tendre comme une petite fille, dès ma septième année je lui fus confié. Dès ce temps en me conduisant vers les maîtres, il me persuada qu'il n'y avait qu'une manière de bien vivre, il n'en voulait pas connaître d'autre, ne me permettait pas d'en suivre d'autre et ainsi j'ai encouru votre haine à tous.

Ce mauvais vieillard que vous accusez à bon droit comme responsable de ma manière de vivre et de mes mœurs, avait assurément été entraîné par d'autres. Vous avez souvent entendu leurs noms, on a mis assez de constance à les discuter, à les railler : Platon, Socrate Aristote, Théophraste; c'est à ces hommes que mon pédagogue avec une sottise et une simplicité impardonnables a obéi. Et profitant de mon enfance, de mon grand désir de savoir, c'est leurs leçons qu'il m'a persuadé de suivre. Il m'affirmait que si je le faisais, je deviendrais meilleur (non pas que les autres hommes, ce n'est pas avec eux qu'on engage la lutte) mais meilleur que moi-même. Et moi (pouvais-je faire autrement), j'ai obéi au vieillard et maintenant il m'est tout à fait impossible de changer... Je le désire cependant bien et je me reproche de n'avoir pas pour vous plaire laissé mon âme ouverte à tous les vices.

Il me rappelait aussi l'honneur dû à ceux qui vivent dans la justice ; le grand honneur dû a ceux qui détournent les autres de l'injustice ; la perfection de celui qui prête la main à réprimer et à châtier... Il donnait les mêmes éloges à la tempérance et à la prudence, ces deux vertus qui sont utiles non seulement à l'individu mais à la cité... Telles étaient les leçons de mon pédagogue, mais il croyait sans doute que je serais un simple particulier, il ne prévoyait pas la fortune que me réservaient les Dieux... (1)

Aussi lorsque la volonté impériale le sépare de Salluste, son confident et son ami de cœur, Julien compare la douleur qu'il éprouve à sa grande douleur lorsqu'il fut séparé de Mardonius.

Il serait exagéré de penser que tous les élèves étaient aussi sensibles et tous les précepteurs aussi dignes de reconnaissance et de regrets.

Rien non plus ne nous autorise à supposer que Plaute pourrait encore avec vérité écrire sa scène du pédagogue maltraité par l'élève (2), ni Plutarque se plaindre de l'absurde conduite de parents qui donnent la direction de leurs enfants « à un esclave ivrogne, gourmand, incapable de tout autre emploi » (3).

Nous ne trouvons nulle trace de ce mépris au IVᵉ siècle et le pédagogue nous paraît jouir du respect, de la confiance et de l'autorité nécessaires à sa mission. Libanius se contente de noter en parlant du sien que « le pédagogue a moins d'autorité quand le père n'est pas là (4) ».

Cependant le vice dominant chez eux paraît-être la cupidité. S'il a un rang au-dessus des esclaves, il n'en est pas moins un mercenaire qui trop souvent fait passer la vertu après les écus.

(1) *Misopogon*. Edit. Teubner p. 453 et seq.
(2) *Bacchid*.
(3) Plut. *De l'éducation des enfants*.
(4) Lib. *Sur sa propre fortune*, Reiske, p. 11.

Ils sont faibles pour leurs élèves. Le souci de conserver leur situation, la facilité de prendre part aux plaisirs de l'enfant, l'utilité de créer ainsi ces liens de complicité qui vicient l'autorité et imposent une condescendance qui répugne, les rendent faciles aux désirs de ceux qui leur sont confiés.

Libanius ajoute un autre motif : celui de faire pièce aux professeurs. Lorsque le précepteur veut devenir redoutable, il suscite des invitations, permet au jeune homme d'aller au repas de midi, au repas du soir ; il juge suffisantes des choses qui sont au-dessous de toute convenance. Il est triste quand de nouveaux élèves viennent au maître qu'il combat, joyeux quand il en voit partir. Il discrédite le maître et avec des menaces conduit son élève vers un autre professeur qu'il admire. Les parents n'y sont pour rien. Aussi son élève est-il de ceux qui fréquentent plus les théâtres que les écoles; encore ne vient-il en ces dernières que pour les troubler.

« Le bon élève, lui, a un bon pédagogue, équitable, modéré, tempérant, soucieux de protéger celui dont il est le gardien, éloignant de lui tous les dangers qu'il peut écarter ; il ne trouble jamais l'ordre, ne réclame pas ce que la loi ne lui accorde pas ; il sait parfaitement son devoir et son rôle et les distingue du devoir et du rôle du professeur ».

Non seulement il arrivait que pour satisfaire sa jalousie et sa vengeance le pédagogue oubliait son devoir, mais Libanius leur reproche aussi le trafic des élèves. La vogue du maître, l'intérêt bien compris de l'enfant, n'étaient que rarement les motifs déterminants du choix d'un professeur, lorsque ce choix était laissé au pédagogue. Les multiples contestations entre grammairiens, rhéteurs et pédagogues en font foi. Le maître qui faisait la plus forte remise avait la clientèle. Ils en vinrent même à mettre publiquement aux enchères l'instruction de leurs pupilles, troublant ainsi les écoles. Libanius intervint auprès de ses concitoyens à qui il conseilla de ne pas tolérer un tel abus, auprès des professeurs à qui il conseilla de s'associer pour éviter un semblable trafic qui leur était préjudiciable... Naturellement cette tentative souleva une violente colère chez ceux dont elle blessait les intérêts (1).

Les professeurs dénonçaient aussi parfois l'insuffisance de leur savoir et le danger de leur présomption déjà signalé par Quintilien (2) « ce que je recommande par dessus tout c'est qu'ils soient véritablement instruits ou qu'ils sachent qu'ils ne le sont pas... Je ne connais rien de pire que ceux-là... »

Sans doute les précepteurs des maisons impériales sont des hommes illustres... mais les autres sont souvent des maîtres qui n'ont pu dans la concurrence se faire une place. Pourquoi sont-ils silencieux lorsqu'il faudrait réprimer les discours turbulents de leurs élèves ?... C'est qu'ils ne sont plus

---

(1) Lib. *Pro. rhetor.*
(2) Inst., *Orat.*, I, 1.

de ces directeurs de jeunesse qui descendaient eux aussi dans la palestre pour y donner l'exemple de la lutte, de ces archers habiles qui lancent leurs traits pour instruire leurs disciples, comme fit Apollon qui forma tant et de si adroits sagittaires! »

Mais nous l'avons déjà dit, peu de jeunes gens gardaient ces précepteurs à l'école du sophiste et de nombreuses lettres de Libanius aux parents de ses élèves attestent que ni la fortune, ni les hautes fonctions n'empêchaient les pères de s'occuper personnellement de leurs fils. Nous savons aussi que des mères intelligentes et vaillantes malgré les soucis de leur veuvage ne se reposaient point complètement sur les pédagogues. La famille n'abdique jamais impunément ses devoirs : elle doit rester la source d'où découlent sur l'enfant par les maîtres et précepteurs qu'elle choisit, les éléments de formation qu'elle lui doit.

§ III. — *Les Etudiants.*

L'enfant a maintenant quatorze ou quinze ans; il a reçu du grammairien les multiples connaissances qu'il enseigne. Le temps est venu de ne plus tourner en ce cercle fort étendu mais d'ordre inférieur (1) et de recevoir la culture qui fait l'homme « *litteræ humaniores* ». C'est du rhéteur ou sophiste qu'il la reçoit.

Nombreux sont les enfants qui n'ont connu que

---

(1) Hor. *Art. Poet.* 132, « *circa vilem patulumque... orbem* ».

l'école du premier maître. Autour de son escabeau se presse la foule des enfants nés dans la liberté, quelques enfants d'esclave aussi que, par spéculation, le propriétaire fait instruire afin de les vendre comme pédagogues. A cette première école garçons et filles sont réunis (1).

Devant la sella du grammairien, les enfants nés dans une aisance relative et qui peuvent ou espèrent pouvoir payer la rétribution plus onéreuse, sont assis en rangs moins pressés.

Auprès du trône du rhéteur, les filles ne viennent pas (2). Lorsque par extraordinaire on leur voudra donner une instruction supérieure, un maître particulier, eunuque la plupart du temps, en est chargé à la maison. Les seuls jeunes gens fils de professeurs, de fonctionnaires, de riches négociants, ceux qui ont trouvé la fortune dans leur berceau et le goût du savoir dans leur famille, profitent de cette instruction supérieure.

Je n'ai trouvé aucune trace de l'existence des boursiers (3). Cependant, par amitié pour les pères, ou touchés par l'effort et l'intelligence des fils, les rhéteurs savaient parfois adoucir les exigences de la rétribution ou même la supprimer. Plusieurs passages de Libanius ne nous laissent pas douter

---

(1) Paul d'Egine (VI⁰ siècle). *De puer. educ.* I. 14 « *A sexto autem et septimo anno pueros et puellas litteratoribus tradere* ».

(2) Lib. *Pro Rhetor.*

(3) Les bourses fondées par l'empereur Alexandre Sévère subsistèrent-elles ? Il est téméraire de l'affirmer.

qu'il permit à d'excellents élèves pauvres d'achever leurs études en les aidant personnellement Il renvoie un jour au père d'un élève l'âne que celui-ci avait envoyé vendre pour payer le rhéteur. (1).

Aussi bien la rétribution n'était pas tout, il y avait les frais de voyage et de séjour pour un certain nombre, pour tous l'apparat luxueux dont cette jeunesse aime s'entourer, les folles prodigalités inséparables de ses fêtes et de ses plaisirs et que la camaraderie rend tyranniquement obligatoires. Aussi la mère de Chrysostome parle « des sommes énormes qu'elle est obligée de sacrifier » (2).

Déjà dans l'école du grammairien qu'ils vont quitter, les jeunes gens qui se disposent à couronner leurs études, s'entretiennent du rhéteur qu'ils suivront (3). Aussi s'intéressent-ils aux luttes des maîtres, discutent leurs succès, prennent l'avis de leur pédagogue, de leur famille. Le plus grand nombre reste dans la ville natale et l'amitié de leur père ou le pourboire offert au pédagogue décide le choix de l'école où ils s'inscriront. D'autres iront selon les convenances de leur fortune et de leurs relations en quelque ville voisine vers un rhéteur de renom. Antioche et Nicomédie attirent par leur réputation d'éloquence. Quelques-uns plus fortunés vont à Constantinople, la ville impériale où se

(1) Lib. Ed. Wolf. *Ep.* 1452, *à Euphrone.*
(2) *Du sacerdoce.*
(3) Lib. ed. *Reiske* I, 10.

créent d'utiles amitiés parmi les fonctionnaires. Ceux que Mercure et les Muses chérissent, vont à Athènes que Julien compare au Nil « réservoir d'eaux vives que le soleil ne peut tarir » (1): Athènes qui vit de son ancienne renommée et où on doit aller achever ses études dit Libanius « pour en revenir en apparence sinon en réalité plus instruit ».

Voici la page intéressante dans laquelle Libanius nous raconte son exode vers la ville de l'éloquence et nous initie aux mœurs des étudiants d'Athènes. Nous la transcrivons parce qu'elle est peu connue et que les mœurs d'étudiants sont les mêmes à Antioche qu'à Athènes, les mêmes partout comme la jeunesse est la même à toutes les époques et sous tous les cieux.

« J'avais pour compagnon d'études à Antioche un jeune Cappadocien, Jasion. Tous les jours il m'entretenait de ce que des personnes plus âgées lui avaient dit d'Athènes et de ce qu'on y faisait. Les Callinien, les Tlépolème, et autres nombreux sophistes, les luttes oratoires, les vainqueurs et les vaincus, tout cela nous intéressait. Aussi ces récits faisaient naître en mon âme l'ardent désir de visiter un tel pays.

Ma mère pleurait et ne pouvait entendre parler du voyage. Panolbius l'aîné de mes oncles partageait son avis et lui prêtait son appui. Mais sa mort bientôt laisse à Phasganius toute influence et celui-

(1) Jul. Or. III, 133, *Él. d'Eusébie.*

ci représente à ma mère les grands avantages qu'elle peut attendre d'un chagrin de courte durée. La permission est enfin accordée.

J'appris alors combien il est amer de quitter sa famille. Abattu par la douleur, tout en larmes, je partis, me retournant souvent pour jeter encore un regard sur les murs que j'abandonnais. Jusqu'à Tyane je pleurai et à partir de cette ville, la fièvre vint se joindre à mes larmes.

Combattu entre deux violents désirs, la honte d'abandonner mon voyage fit seule pencher la balance et je dus poursuivre ma route malgré la maladie encore accrue par les fatigues du chemin et la traversée du Bosphore : J'étais alors plus mort que vif : nos bêtes de somme étaient dans le même état.

J'avais compté sur la protection d'un homme haut placé pour gagner Athènes à l'aide des voitures de la poste impériale. Mon homme dont le crédit avait sans doute baissé me reçut avec bonté : c'était tout ce qu'il pouvait faire.

Je jetais les yeux sur la mer, fermée aux marins par la saison, lorsque j'eus le bonheur de trouver un brave pilote que la vue de l'or persuada facilement. Je m'embarquai et sous la protection de Neptune je voyageai heureusement.

Je passai Périnthe, Rhetium, Sigée et je contemplai du haut du tillac la ville de Priam dont la ruine est si célèbre. Je traversai la mer Égée avec un vent aussi favorable que celui qui favorisa Nestor. Je me dirigeai donc vers Céreste et j'abordai à un port des Athéniens où je passai la nuit.

Le soir suivant, j'étais dans la ville où je tombais entre les mains de gens que je n'aurais pas voulu rencontrer, et le jour d'après, accaparé par d'autres que je n'aimais pas davantage.

Ils ne me permirent pas de voir le maître pour lequel j'étais venu ; ils me tinrent renfermé comme dans un tonneau ainsi qu'ils ont coutume de faire pour les nouveaux. Ainsi séparés de force, nous poussions des cris lamentables ; le sophiste parce que on lui arrachait son élève, moi parce que on m'enlevait mon maître. Ils me laissèrent crier inutilement : « Je veux Aristodème ». Ils me tenaient sous bonne garde moi le Syrien, jusqu'à ce que j'eusse prêté le serment de les suivre. On m'ouvrit les portes et je fus aussitôt admis comme élève de Diophante, leur maître. J'allai suivant l'ordre de leurs leçons d'apparat entendre les deux professeurs ; j'entendis les applaudissements prodigués pour égarer les nouveaux venus.

Je m'aperçus que j'arrivais de bien loin pour peu de chose, voyant la direction de la jeunesse des écoles usurpée par des hommes qui ne différaient guère des jeunes gens. Il me semblait que j'avais péché contre Athènes et que j'en subissais le châtiment en n'admirant pas ceux qui y tenaient le premier rang. A peine pouvais-je calmer la colère de mes condisciples en leur disant que j'admirais en silence et qu'un mal de gorge m'empêchait de témoigner mon admiration par des cris.

Malade, transporté comme un ballot de marchandises, aborder à un port qui ne vous offre que déception, ne rien trouver là où on espérait merveille, cela n'est pas heureux (1).

Grégoire de Nazianze, Eunape, Olympiodore (2), confirment ce récit et ajoutent quelques détails.

Des partis d'étudiants sont en vigie sur les points les plus fréquentés de la côte, à Sunium, au Pirée, à Phaléres et signalent les navires au large chargés de nouvelles recrues.

L'ancre jetée, on se précipite sur les nouveaux arrivants, on les enlève, on se les arrache. Les plus forts entrent triomphants dans la ville avec leur butin. Il est reçu chez celui qui l'a pris et là qui veut vient et le plaisante ; les uns le font finement, d'autres ne sont que grossiers.

Le jour ou le lendemain, les nouveaux sont conduits en grande procession au milieu des rires et des quolibets à la porte du bain. Là on pousse de grands cris, on simule des luttes, on enfonce les portes ; on entre avec eux et le strigile à la main on les frotte un peu fort... C'est le droit d'entrée au grand marché de la science... Les nouveaux sortent du bain revêtus du manteau des étudiants et dès lors le dernier venu est traité comme tous les autres.

(1) Lib. Ed. Reiske. I, 10 et seq.
(2) Ol. de Thèbes. Didot, IV. *Hist. Gr.* Fragm. § 28 ; Greg. Naz. Or. XLII. *Eloge de saint Basile*, 15, 16. Edit. Migne ; Eunape.

D'ordinaire après les difficultés du début, l'étudiant en venait à choisir librement son maître. A Athènes, ils se groupaient volontiers par nation, sans d'ailleurs s'astreindre à suivre toujours le même rhéteur.

Cependant pour la plupart le rhéteur choisi devenait sacré comme un chef d'armée. Pour soutenir ses intérêts, le venger des critiques et des injures, il y avait des disputes, des luttes à coups de bâton, de pierre, d'épée, des blessures. Himérius consolait ses élèves blessés en les comparant au jeune Dionysos maltraité par les Faunes...Lorsque l'élève guéri rentrait, le maître le louait. « Après l'hiver et la froidure l'hirondelle donne enfin carrière à sa voix; elle cesse de retenir son chant mélodieux, quand elle voit refleurir l'aimable printemps. Les cigales chantent sur les routes. Il est passé le mois fatal aux germes, le mois mortel aux feuilles. Nous aussi, reprenons notre tâche et saluons par un chant joyeux nos amis échappés à la maladie »(1). Il y avait mise en jugement, défense, condamnation et tout ce qu'affrontent ainsi les étudiants, ils le regardent comme « de nobles périls semblables à ceux qu'on court en portant les armes pour la patrie ». Libanius à Antioche brûlait d'ardeur à ces récits et suppliait les Dieux de permettre qu'il puisse ainsi se distinguer, lui aussi, courir attendre les jeunes gens à la descente des vaisseaux, s'en emparer et aller glorieux à Corinthe

(1) *Or. IX.*

devant le tribunal du proconsul rendre compte de cet enlèvement. La leçon qu'il reçut à son arrivée ralentit son beau zèle.

« Aller à Corinthe » c'était le rêve. Eunape nous a laissé le récit circonstancié d'une affaire devant ce tribunal ; il est assez caractéristique des mœurs des étudiants de l'époque pour que nous l'utilisions.

Un jour les élèves d'Apsinès étaient tombés main levée sur ceux de Julianus. Leurs lourds poignets de Spartiates avaient mis en péril la vie de leurs victimes ; ils ne s'en plaignirent pas moins au proconsul. Celui ci fait saisir et enchaîner Julianus et ses disciples innocents. L'affaire appelée, Apsinès vient comme conseil des accusateurs qui avaient à leur tête un Athénien nommé Thémistocle, garçon brutal et audacieux, Julianus est avec ses élèves enchaînés et blessés. Ils ont la chevelure et les vêtements en désordre pour exciter la pitié du juge. Apsinès essaie en vain de placer son discours, c'est à Thémistocle le principal accusateur que le proconsul donne la parole. Thémistocle change de couleur, hésite, se mord les lèvres, ne sait que faire ; en vain demande-t-il conseil à ses camarades qui, venus pour applaudir leur maître, sont dans le désarroi. Julianus demande la parole, mais le juge impartial la lui refuse. « Je ne veux pas, mes maîtres, de vos beaux discours préparés. Vos disciples ne vous applaudiront pas aujourd'hui. Thémistocle va accuser, et toi Julianus, choisis un de tes élèves pour la défense » Thémistocle ne fait pas honneur à son nom ; l'accusation reste muette. « Proconsul, dit Julianus, ton impartiale justice a transformé Apsinès en un nouveau Pythagore. Il enseigne à se taire : c'est un peu tard, mais pour une fois c'est à propos. Si tu veux entendre la défense, fais délier un de mes élèves, Proérésius, et tu jugeras si je l'ai formé à l'atticisme ou au Pythagorisme. » Proérésius prend la parole et remporte un véritable triomphe : le proconsul bondit de son siège et secoue, comme eut fait un enfant, sa trabée bordée de pourpre ; Apsinès lui-même applaudit; Julianus pleure de joie. Les accusés et Apsinès sont renvoyés, mais Thémistocle et ses Spartiates sont emmenés et on leur rappelle les fouets de Lacédémone en leur faisant connaître les fouets d'Athènes.

Il ne faudrait pas conclure que la fidélité aux maîtres fut absolue. La jeunesse est naturellement inconstante.

Les élèves du rhéteur ennemi organisaient des expéditions souvent dangereuses. On ne s'y contentait pas de bruit, mais il y avait coups et menaces de mort. Himérius fut blessé dans une rencontre et son théâtre démoli. Libanius nous parle de ces rhéteurs qui croyaient que la science se défend par les armes, et plus soldats que professeurs portaient des cicatrices.

« Des gens soudoyés avaient couvert de boue le visage d'Arabius qui se rendait en habits de fête à un festin ; trois Paphlagoniens, frères par leur brutalité, leur ignorance, leur audace et leur obésité après avoir arraché Egyptius de son lit l'avaient traîné sur le bord d'un puits, l'avaient menacé de l'y jeter s'il n'avait juré de quitter la ville ».

Les maîtres voyaient aussi parfois leur propres élèves les abandonner et il paraît que cela se faisait surtout à l'heure de payer la rétribution. Libanius s'en plaint et demande aux professeurs de s'associer pour défendre leurs intérêts. Saint Augustin signale le même procédé « l'argent de la famille passe à un tout autre emploi qu'à payer les leçons du maître ».

A l'école, le calme respectueux ne règne pas toujours. Voici les reproches que le rhéteur d'Antioche adresse à ses étudiants : c'est une page complète sur leurs mœurs.

« L'étudiant a reçu les émoluments qu'il doit remettre à son professeur, mais voici que la boisson en a pris une partie, les dés une autre, et d'autres passions plus misérables le reste et la coutume rend ces passions d'une audace insupportable... Si on lui reproche cette impudente conduite, il bondit, vocifère, menace, frappe, déclare que ce ne sont que vétilles, et que sa présence à l'école est une suffisante rémunération pour le rhéteur. Si le pauvre ne peut payer, il mérite tolérance, mais s'il joint comme les riches l'insolence à l'injustice, qui le supportera ?

On ne suit plus les bons exemples d'autrefois : nos étudiants passent leur temps à des bagatelles, des rires, des chansons que d'ailleurs ils savent tous. Les hommes sensés remarquent leur peu d'empressement et leur en font un reproche. Alors s'ils sont forcés d'entrer au cours, ils entrent à la manière des fiancés, ou pour parler plus exactement à la manière des danseurs de corde. A peine sur le seuil, ils s'amusent à railler ceux qui sont déjà là assis et qui attendent ces jeunes gens indolents et si pleins de soin d'eux-mêmes.

Lorsque le discours commence, c'est entre eux un perpétuel échange d'idées sur les mimes et les cochers, les chevaux et les danseurs, sur le combat qui vient de se terminer et celui qui se prépare.

Les uns se tiennent debout comme des statues de marbre ; d'autres se pincent le nez de leurs deux mains et en tirent des sons désagréables ; les uns s'asseoient et forcent de s'asseoir tous ceux qui bougent, comptent bruyamment ceux qui entrent, d'autres se contentent de compter les feuilles, d'autres enfin préfèrent étudier tout ce qui se passe que voir la figure du maître.

Le comble de l'insolence, c'est qu'ils applaudissent ironiquement à contre-temps, et empêchent d'applaudir quand l'applaudissement serait sincère.

Ils détournent des réunions par de fausses nouvelles, des invitations au bain avant le repas.

Et vite on retourne aux chansons : on les sait parfaitement, Démosthène est livré à l'oubli « à peine se souvient-on que j'en ai parlé ».

Le portrait est complet.

Hors l'école les plaisirs de cette jeunesse étaient dans les jeux du cirque, les courses, les combats, les mimes. Les balles et les dés sont les grands et coûteux divertissements. On mène grand train ; on vient au cours sur un cheval luxueusement harnaché, accompagné de valets. On donne repas sur repas, jusqu'à ce que les ressources épuisées on ait « la gloire de recourir aux usuriers ». Au reste « les redoutables sœurs des Sirènes, ces femmes dont la voix a séduit et dépouillé tant de jeunes gens » y conduisent vite (1).

Les femmes, le vin, le luxe, les plaisirs sont, on le voit, de tout temps, l'apanage des étudiants.

L'inquiétude des mères se comprend aisément; les pères plus positifs, plus pratiques savent que la jeunesse a sa sève et le printemps ses excès de vie.

Nombreuses étaient les victimes de cette vie séduisante : Augustin à Carthage, Chrysostome à Antioche n'avaient pu y résister. D'autres cependant : Libanius, Julien, Grégoire, Basile avaient passé là sans faiblir et par leur virilité et leur supériorité intellectuelle imposé le respect, conquis l'affection, exercé une autorité morale en ce milieu si réfractaire d'apparence. Libanius est exempt de sortie, d'expédition, de luttes. Devant lui, ni rire, ni jeu de balles. Un Crétois avait un jour sans provocation attaqué un autre étudiant, il l'en punit.

(1) Lib. Ed. Reiske I.

Nul n'aurait osé traiter familièrement Grégoire et Basile, ni les provoquer par les plaisanteries et défis ordinaires entre camarades.

On sait que Grégoire dut céder aux instances de ses condisciples qui ne voulaient pas le laisser partir.

C'est qu'au fond la jeunesse reste bonne même en ce que nous nommons ses égarements. Elle aime la joyeuse vie et met à la pratiquer un grain de vanité, prête à la cabale, assez peu respectueuse de la liberté qui paraît contrarier ou condamner la sienne, s'enthousiasmant pour une idée, pour un homme, se laissant entraîner aux farces méchantes ou d'un goût douteux, l'âme pleine de chansons et les lèvres de rires. Ce sont les feuilles qui bruissent et s'agitent sous le coup de vent, le cœur et l'esprit n'en sont pas moins fermes comme le tronc et la sève silencieuse de la délicatesse, du dévouement, de l'amour du bien, de la générosité héroïque n'en coule pas moins...

Les douces amitiés qui s'épanouissent alors n'en sont-elles pas un gage, ces premiers fruits de cœurs qui s'éveillent et que tous ceux qui les ont connus rangent parmi les bienfaits des études. « Ces amitiés qui subsistent inébranlables jusqu'à la vieillesse... qui nous sont comme une nécessité et un devoir religieux... est-il en effet plus sacré d'avoir été initié aux mêmes sacrifices que de l'avoir été aux mêmes études ? » (1). Telles furent alors l'ami-

(1) *Instit. Orat.* II, 46.

tié de Libanius et d'Aristénète « le charme de cette liaison l'emporte en douceur sur les plus doux sentiments » ; de Grégoire et de Basile « c'était une même âme qui avait deux corps ; et s'il ne faut point croire ceux qui disent que tout est dans tout, du moins faut-il convenir que nous étions l'un dans l'autre » telle l'amitié de Chrysostome et de Basile de Raphanée « nous nous étions livrés aux mêmes études, nous avions eu les mêmes maîtres... pressé par la bonté de son âme, Basile quitta tout pour rester assidûment auprès de moi ».

C'est l'heure où le pouvoir impérial s'empare des questions d'enseignement et c'est un règlement sévère pour les étudiants qu'édictent en 370 Valentinien, Valens et Gratien. Il est difficile d'établir s'il fut appliqué en Orient mais il est trop intéressant pour que nous ne le reproduisions pas.

Valentinien, Valens et Gratien à Olybrius préfet de Rome :

1° Que tous ceux qui viendront étudier à Rome apportent d'abord au maître du cens (préfet de police) les lettres des gouverneurs de province qui leur ont donné congé de venir et où doivent être indiqués leur ville, leur âge et leurs qualités ;

2° Qu'ils déclarent dès leur arrivée à quelles études ils se proposent de se livrer de préférence ;

3° Que le bureau du cens connaisse leur demeure afin de tenir la main à ce qu'ils fassent les études qu'ils ont indiquées ;

4° Que lesdits employés veillent à ce que les

étudiants se montrent dans les réunions tels qu'ils doivent être, à ce qu'ils évitent toute cause de mauvais ou honteux renom, ainsi que les associations entre eux que nous regardons comme très voisines du crime ; à ce qu'ils n'aillent pas trop souvent aux spectacles et ne se livrent pas fréquemment à des banquets intempestifs. Si quelque étudiant ne se conduit pas dans la ville comme l'exige la dignité des études libérales, qu'il soit publiquement battu de verges, mis sur un vaisseau, chassé de la ville et renvoyé chez lui. Quant à ceux qui se livrent assidûment à leurs études, ils pourront rester à Rome jusqu'à leur vingtième année ; après quoi s'ils négligent de partir d'eux-mêmes, le préfet aura soin de les faire partir même contre leur gré.

Le bureau du cens rédigera chaque mois un état desdits étudiants établissant qui ils sont, d'où ils viennent et quels sont ceux, qui, leur temps écoulé, doivent être renvoyés. Le même état doit être transmis aux bureaux de l'Empereur afin que bien instruit des mérites et des études de tous « nous jugions s'ils sont nécessaires à notre service et quand ils le seront ».

Le formalisme est créé, la bureaucratie l'emporte, la liberté s'en va devant le byzantinisme qui vient. La sanction légale remplace l'organisation familiale du simple renvoi par le rhéteur, où il y avait souvent une indulgence que la légalité ne connaît pas. « Les renvoyer, dit Libanius ! un grave obstacle c'est mon amitié pour leurs parents, pour leur ville. Lorsqu'ils sauront leur expulsion, ils pourront les traiter comme morts, pis que cela les noter d'infamie... C'est un déshonneur irréparable qui, de la jeunesse à la mort, les accompagne et pour toujours paralyse leur liberté de parler et d'agir. « Imprudent qui oses parler, n'as-tu pas été écarté du temple saint de l'éloquence ? » Et par pitié pour leur ville, pour leurs enfants à qui ils transmettraient la honte, je ne les renvoie pas... Allons, assez de jours donnés à la débauche, maintenant fermes et attentifs, fervents disciples de l'éloquence, soyez avides de ses récompenses et de ses gloires ! »

Cela vaut bien l'expulsion et les coups de verges !

La jeunesse, pour peu pitoyable qu'elle soit, a besoin de pitié... le vieux maître la connaissait qui était pour ses élèves compatissant et ferme et sans trop d'amertume parlait le langage de la raison et de l'affection, les deux voix qui sont infailliblement comprises. Pour l'avoir lui-même expérimenté, il savait qu'un maître aimé est un maître obéi et utile « nous imitons facilement ceux que nous aimons ».

CHAPITRE V

LES MAITRES

Le jeune homme qui, au cours de ses études, a éprouvé un vif attrait pour les joies du savoir et les gloires de l'éloquence ; celui qui, fils de rhéteur ou de grammairien, se trouve naturellement désigné pour succéder à son père ; l'élève laborieux et brillant que le maître a distingué, à qui il promet le succès et dont il caresse l'espoir de se faire un successeur sont les futurs maîtres qui grandissent dans l'école et par le succès de leurs exercices préludent aux triomphes plus glorieux de l'enseignement.

Les rhéteurs appartiendront à l'aristocratie intellectuelle faite de goût, de culture, d'aptitudes et à l'aristocratie de la naissance et de la fortune. Les dépenses considérables que nécessitent les études, éliminent fatalement, sauf de rares exceptions, les enfants des familles modestes. Ils pourront devenir maîtres du premier âge ou grammairiens, mais le trône du rhéteur leur est interdit.

Alors même que le talent ne viendrait pas ajouter un nouvel élément de valeur, les rhéteurs sont déjà des hommes considérables. Libanius sort d'une des plus grandes familles, distinguée par l'éclat que répandirent sur elle l'éducation, la richesse les jeux qu'elle a donnés, les chœurs qu'elle a fournis, et les discours d'apparat qui sont l'attribut des grandes charges (1) ; ses oncles font à Antioche les frais des jeux Olympiques (2) ; Himérius est fils d'Aminius rhéteur à Pruse ; il parle de sa fortune et vante les ancêtres maternels de son fils (3).

Rome elle-même n'en est plus au temps où elle regardait l'enseignement comme une occupation d'esclave. Suétone a pris soin de nous marquer le nom du premier chevalier romain assez audacieux pour tenir école tout comme un esclave ou un affranchi grec (4) ; il a pu écrire son livre « des Illustres Rhéteurs ».

En Grèce l'enseignement n'avait jamais connu cette défaveur, ni ce mépris. Toujours les choses de l'esprit y avaient tenu le premier rang après l'amour de la liberté et les maîtres pouvaient se placer sous l'égide de noms glorieux. Socrate, Platon, Aristote avaient illustré la chaire de philosophie. Puis étaient venus Gorgias et Prodicus, les maîtres de la rhétorique vide et brillante ; Isocrate « orateur accompli et maître parfait dont la maison fut ouverte à toute la Grèce comme un lieu d'exercice et un magasin d'éloquence » ; le maître de tous les

---

(1) Lib. *Ed. Reiske* I, 3.
(2) Müller *Antiq. Antioch.*, 91.
(3) *Ecl. VII. Or. XXVIII. Ecl. IX.*
(4) *De clar. rhet. II.*

grands hommes d'Athènes à son époque, Eschine, le digne rival de Démosthène, créant pour se consoler de l'exil son école de Rhodes, transition entre les asiatiques et les attiques ; plus tard, Théophraste, un des noms le plus souvent rappelés dans les écoles auprès de ceux d'Homère, de Démosthène et de Ménandre, qui attirait plus de deux mille auditeurs sous les frais ombrages des jardins du Lycée ; Polybe, le maître de Scipion.

Ces gloires du passé, l'influence dont le rhéteur jouit dans le présent, les triomphes qu'il obtient, on le comprend, enthousiasmaient cette jeunesse ardente et sensible au culte du beau, et pour devenir « un roi du discours » le jeune homme sacrifiait non seulement « ses colombes » mais encore ses affections de famille et accourait se former à Athènes auprès d'Himérius, à Constantinople auprès de Thémistius, à Antioche auprès de Libanius. Un fils de préfet, de maître de la milice, de magistrat, trompant peut être les espoirs paternels, devenait professeur sans sacrifice, sans déchéance.

C'était en un milieu choisi que se recrutaient les rhéteurs ; à la classe moyenne appartenaient les autres maîtres sur lesquels nous avons d'ailleurs très peu de détails.

Pauvres professeurs que ces premiers ouvriers de l'enseignement ! Leur travail est sans attrait et hélas sans gloire ! La loi leur refuse le titre de maître qu'elle concède aux autres. Ils sont exclus de ses faveurs, de ses exemptions. La foule turbulente de garçons et de filles qui entoure leur petit escabeau, leur apporte plus de soucis que de ressources. Le petit escabeau ! parce que la cathèdre appartient au grammairien, et que le maître des petits doit être au milieu d'eux pour une surveillance plus facile. Ses élèves trouvent odieux les refrains où sont condensés les rudiments du savoir, et lui doit les entendre pendant toute sa vie ! Nulle part non plus nous ne trouvons trace de libéralités municipales à leur égard.

Le plus souvent, son école est installée dans les faubourgs, dans une pergula, c'est-à-dire sous un appentis à demi-ouvert, construction en saillie utilisée soit comme véranda ou auvent, soit comme atelier ou échoppe, couverte mais non fermée latéralement. Souvent, elle est un peu au-dessus du niveau de la rue ou sur le toit plat d'une maison, ou entre les portiques dont une simple toile la sépare (1). Il y a à cela une raison d'économie, car le loyer y est moins cher ; considération importante pour le maître qui loue lui-même sa salle de leçons ; aussi bien, le bruit que fait ce rassemblement d'enfants qui chantent à haute voix serait intolérable au milieu plus fréquenté de la ville. Cette première école du faubourg en son installation succincte plaisait moins à l'enfant, dit Libanius, qu'une course vagabonde à la campagne, et lui laissait d'ordinaire un triste et odieux souvenir (2).

(1) S. Aug. *Conf.* I, 13, 22.
(2) « *Caput invisum pueris virginibusque* ». Mart.

C'était hors ses fonctions de professeur que le premier maître trouvait les ressources nécessaires. Il était d'ordinaire habile dans l'écriture et le calcul. Les leçons spéciales qu'il en pouvait donner à ceux qui, sans poursuivre leurs études, voulaient se perfectionner en ces connaissances indispensables pour tant d'emplois, le rôle de copiste, de calligraphe, de tachygraphe secrétaire, de comptable, qu'il pouvait remplir à ses heures de loisir, lui étaient de quelque profit.

Le Grammairien avait le titre de maître, siégeait dans une cathèdre honorable.

La loi lui reconnaissait le droit qu'elle accordait aux professeurs d'arts libéraux (1). Son école était encore assez nombreuse pour qu'il en put tirer des ressources ; assez choisie, pour que son salaire soit assuré. Ses élèves, en effet, appartenaient à cette classe de moyenne aisance, la plus exacte à acquitter ses dettes. La fonction du grammairien exigeait assez de savoir et n'accordait pas assez de gloire pour être recherchée par la nullité ambitieuse. Maître laborieux, honoré et payé, le grammairien avait, sauf les satisfactions de vanité, les meilleurs justes tributs dus aux professeurs.

Trop souvent, il gâtait cette situation par le désir de se faire, en son école de grammaire, un rhéteur aux petits pieds. Son enseignement avait de nom-

---

(1) Dig., Liv. L, tit. XIII, l. 1. *Liberalia studia accipimus quœ Græci ἐλευθέρια vocant. Rhetores continebuntur, grammatici, geometræ.*

breux points de contact avec celui du maître de rhétorique, il les exagérait, franchissait les frontières et déchaînait contre lui la susceptibilité jalouse de son voisin, d'autant plus vive que souvent le rhéteur traînait sa misère glorieuse auprès du simple grammairien bien nanti.

Le rhéteur! Son nom nous arrête tout d'abord, car il nous paraît historiquement peu ou mal défini. Philosophe, rhéteur, sophiste, sont des termes de signification souvent imprécise ou inexacte, surtout dans l'acception contemporaine. Ainsi, nous donnons d'ordinaire le premier rang au philosophe, le second au rhéteur, puis vient le sophiste bien près du mépris. Or, c'est une criante injustice historique que de donner ce rang à ces hommes à toutes les époques. Précisément au IVe siècle, le philosophe selon l'acceptation vulgaire mérite les mépris dont nous gratifions le sophiste et le sophiste presque tous les éloges décernés au philosophe. Etudier la vie de ces trois termes, déterminer leur différence caractéristique aux époques diverses de l'histoire, ce serait faire de Gorgias à Libanius l'histoire de la rhétorique, de l'éloquence, de la philosophie, de leur fortune variée, de leurs évolutions successives.

Au début, le sophiste est l'homme habile en son art et utile à son pays: artiste, médecin, musicien, poète.

Vient la période dont parle Thémistius, où Solon illustre le nom des sophistes qui sont alors entourés d'égards et comblés d'honneurs (1).

(1) *Or. IV*.

De l'Orient accourent les sophistes qui vendent la sagesse, se vantent avec vanité et sous le piège des mots dissimulent l'erreur : ceux que combattent les grands philosophes, Socrate, Platon. Ainsi se restreint et se discrédite le nom glorieux. Ils ont encore le beau langage, la littérature, la philosophie vulgaire ; mais ils se créent une détestable réputation morale que la haine dont ils poursuivent Socrate est loin d'améliorer. Au point de vue littéraire, ils sont boursoufflés et vides (1), le jugement et la mesure leur manquent (2), le langage est mou, la composition lâche ; c'est sous les ombrages de Théophraste qu'ils composent plus pour plaire que pour exciter, ils préfèrent la vigueur à la grâce et leur grâce amollit.

Alors se détache parmi eux le groupe des rhéteurs qui donnent à la rhétorique le meilleur de leur travail et répudient le nom de sophiste qui tombe en un discrédit augmenté chaque jour par leurs longues discussions sur des niaiseries (3). Ces rhéteurs sont les sophistes du discours dont parle Plutarque.

La philosophie paraît l'emporter sous Marc Aurèle : le sophiste philosophe reconquiert alors l'estime publique perdue au début de l'Empire ; le rhéteur reçoit les hommages dus à sa fonction utilitaire, la sophistique pure a disparu presque com-

---

(1) Quint., *Inst. Orat.*, XII, 10.
(2) *Cic. de Orator.*, II, 23.
(3) περι τας ἔριδας διατρίβοντων.

plètement. Cependant, Lucien le railleur ne le ménage pas : le plaidoyer du rhéteur syrien, dans la *Double accusation*, en est la preuve. Marié à la rhétorique, il est accusé par elle d'infidélité et voici qu'il l'accuse à son tour : « Je m'aperçus bientôt qu'elle n'avait plus la même sévérité de mœurs qu'autrefois et qu'elle était loin de garder la tenue décente dont elle s'honorait lorsque le fameux rhéteur du dême de Péanie la prit pour épouse. Elle se parait, arrangeait ses cheveux à la manière des courtisanes, elle se fardait, elle en était même venue à se teindre le dessous des yeux... (1) ». Le rôle du sophiste, dit Croiset, était de parler, c'est-à-dire de répandre au premier signal la plus longue série possible de phrases brillantes et sonores. Tout scrupule de réflexion l'eut rendu hésitant et par conséquent l'eût ralenti : au contraire, plus son esprit était vide d'idées sérieuses, plus il vibrait aisément sous l'impulsion des souvenirs suscités en foule (2) ».

Pendant la sombre période qui va de la mort de Marc Aurèle à celle de Constantin, la philosophie se localise à Alexandrie et ne présente plus en Orient que ces philosophes qui n'ont conservé que le manteau et la barbe... Philostrate distingue très nettement au commencement de ses *Vies de Sophistes*, le sophiste du philosophe : « Le philosophe recherche les faits, le sophiste les suppose connus »,

(1) *Double accusation*, 31.
(2) Croiset, *Essai sur Lucien*, ch. VIII.

c'est maintenant un « rhéteur s'occupant de philosophie », « la philosophie est de son domaine au même titre que l'histoire et la physique, la politique ou l'astronomie ».

En fait, nous nous trouvons au IVe siècle en face d'une double forme de rhétorique : celle du professeur qui est le rhéteur, celle du littérateur, de l'homme public qui est le sophiste, et alors ces trois mots philosophe, rhéteur ou sophiste de signification bien précise s'appliquent souvent comme également honorables aux mêmes personnes... Jamblique est un philosophe, Ménandre un rhéteur, Libanius un sophiste..., chacun d'eux est un maître incontesté en son domaine, serviteur du progrès, gloire de sa cité.

Nous connaissons le rhéteur et le sophiste, n'est-ce pas le moment de nous demander s'il y avait une hiérarchie entre les maîtres, un chef dans les écoles importantes.

Voici l'opinion de M. Gaston Boissier sur ce point : « Alors comme aujourd'hui, une école se composant d'un certain nombre de professeurs réunis ensemble dans un local pour l'instruction de la jeunesse, il est impossible que cette réunion n'ait pas eu un chef. Les Romains avaient trop le respect de l'ordre et de la discipline pour croire que ces établissements pouvaient se passer d'une direction. Il est en effet question, à propos de l'école d'Autun, de celui qu'on appelle le premier des maîtres *summus doctor*, celui-là paraît avoir la haute main sur le reste : c'est un personnage important, qu'on paie beaucoup plus que ses collègues et que l'empereur se donne la peine de choisir lui-même. Il est vraisemblable qu'il était professeur dans l'école en même temps qu'il la dirigeait et que sa situation devrait être à peu près celle des doyens de nos Facultés (1) ».

J'ai cité parce que si l'érudit écrivain peut établir sur des textes latins (je regrette qu'il ne les indique pas) son opinion, j'avoue n'y pouvoir souscrire pour l'Orient. Son argumentation, fondée sur l'unique expression d'Ausone : « *Summus doctor* » me paraît aussi faible que celle de Sievers qui, du terme « ἑταῖρος », employé par Libanius, parlant des rhéteurs, conclut à l'existence d'une association professionnelle.

Les partisans de la hiérarchie et de l'association n'apportent aucun texte sérieux et ils contredisent la thèse de liberté si bien établie.

Nulle trace de nomination impériale d'un rhéteur à la direction des écoles d'une ville. Libanius, deux fois choisi par l'empereur, ne nous indique en rien que cette faveur comporte une prééminence hiérarchique sur ses collègues, ni à Constantinople ni à Athènes.

Le sénat d'Athènes nomme six successeurs à Julianus : aucun trait n'indique la préséance de l'un sur les autres. Le sénat d'Antioche appelle

---

(1) G. Boissier, *La fin du paganisme*, T. I, p. 175.

Libanius pour combattre le rhéteur officiel ; quelle étrange situation si ce rhéteur avait été en même temps chef hiérarchique des écoles ! (1)

Nulle trace de conventions entre professeurs, d'élections faites par eux, ni dans les luttes si ardentes qui s'élèvent, d'intervention d'autorité autre que celle d'un préfet bienveillant.

Libanius intervient à Antioche en faveur des rhéteurs ses collègues ; pas un mot de son discours (à moins qu'on n'épilogue sur le mot κορυφαῖος) n'indique qu'il accomplit un devoir de sa charge. Dans une autre circonstance, lorsqu'il conjure les rhéteurs d'Antioche de mettre un terme au déplorable procédé des élèves qui vont sans cesse d'un professeur à un autre, n'affirme-t-il pas ainsi clairement qu'il n'y a ni autorité constituée ni association établie auxquelles appartiendrait régulièrement d'imposer ou d'organiser la mesure de défense mutuelle qu'il propose.

Les luttes violentes auxquelles nous allons assister seront une puissante confirmation de notre opinion.

Cependant, l'individualisme des écoles n'est pas tel que toute école ne possède qu'un seul maître. On se souvient des six élus à Athènes pour succéder à Julianus. Telle cette autre école où Libanius, à la fin de ses études, est intérimaire avec Egyptius et un de ses compatriotes (2). A Constantinople aussi,

(1) Lib. Ed. Reiske, I, 37.
(2) Lib. Ed. Reiske, I, 20.

il s'associe avec Dionysius de Sicile (1). Dans son école d'Antioche, nous savons qu'il avait un homme chargé de l'administration et s'était associé, pour enseigner le droit, son ancien élève et ami Olympius (2). Donc, des maîtres s'associent entre eux ou sous l'influence d'un homme illustre.

Mais ni Libanius, ni Himérius, ni aucun autre professeur, directeur d'école particulière ou subventionnée par le sénat, ou désigné par l'empereur ne nous a laissé soupçonner qu'il avait quelque autorité sur d'autres maîtres, sur une école voisine de grammairien ou rhéteur subventionné ou non, ni qu'il ait joui d'une situation analogue à celle de nos doyens de Faculté, sinon par l'estime et l'honneur que lui assurent son savoir, son éloquence, son influence politique.

Quant aux associations, les collèges éphébiques, cette vieille institution nationale, celui d'Athènes autrefois si glorieux paraissent avoir complètement disparu. M. Petit de Julleville n'en parle pas dans dans son étude sur l'école d'Athènes au IV⁰ siècle et nous n'en avons trouvé aucun vestige.

Le rhéteur ou sophiste jouit donc d'une liberté, d'une indépendance que rien ne restreint. Il se fixe s'il veut dans une ville ou bien va porter partout, comme les aèdes d'autrefois et les conférenciers d'aujourd'hui, ses discours étudiés. Il s'établit en sa ville natale comme Libanius ou en quelque autre

(1) Lib. Ed. Reiske. P. 28.
(2) Lib. Ed. Wolf, *Ep.* 448, 453,

où des relations de famille et de puissants amis lui assurent un sympathique accueil. Tantôt il répond à l'appel d'un ancien maître qui veut l'associer à son enseignement et en faire son successeur, tantôt à l'appel d'un rhéteur qui a besoin d'aide pour combattre un adversaire. Lorsqu'il s'est signalé dans des luttes oratoires, c'est une ville qui l'appelle et qui, si ses éloges et ses promesses ne suffisent pas, fait intervenir auprès de lui l'autorité du préfet et du préteur. A Athènes et à Constantinople l'empereur lui-même manifeste ses préférences et ses désirs ressemblent à des ordres qu'il est difficile d'éluder.

Au reste, obtenir la reconnaissance officielle du sénat ou, chose plus rare, la nomination impériale, est l'objet de l'ambition de tous les maîtres. Il y a là une consécration publique de leur talent, un grand honneur, source d'une influence utile, des ressources assurées et cela sans sacrifice d'indépendance ni de dignité.... Dans l'esprit des rhéteurs, le sénat leur est redevable : n'est-ce pas « leur éloquence qui donne à une ville du charme et de l'éclat, et je crois que les sénateurs en sont convaincus et sont fiers de leur rhéteur, des services qu'il leur rend, de la gloire qui en découle sur la cité. »

L'intervention du sénat n'assure pas cependant une école nombreuse : le libre choix des familles est absolu. Or réunir une école nombreuse est un désir qui l'emporte sur celui du titre officiel. Tous y voient non seulement les rétributions scolaires abondantes « chose importante pour les rhéteurs libres et les rhéteurs officiels qui attendent toujours la réalisation des promesses municipales », mais aussi la pierre de touche du vrai mérite, du talent supérieur. Dès lors, sous les auspices de la vanité et de la misère on comprend quelles luttes ardentes engageront les rhéteurs « pour réunir, comme ils disent, un nombreux chœur »

La misère « sœur de l'intelligence et du talent » est un sujet de dissertation pour les sophistes bien nantis (1) ; mais les autres, ceux qui évitent le boulanger parce qu'ils n'ont pu lui payer leur pain, la trouvent amère. Le poète, enfant sans souci qui suit le fil de sa vie comme le souffle de son inspiration, la trouve moins insupportable ; dans son labeur indépendant il n'a pas ambitionné la fortune. Au philosophe on peut répondre ironiquement que l'occasion lui est offerte de pratiquer ses propres conseils. Le rhéteur ne professe pas un tel désintéressement et le professorat par dilettantisme est rare. Sa misère se double ainsi de labeur frustré d'un juste salaire et d'espoir déçu : cela atténue un peu l'odieux struggle for life qu'ils engagent.

Quelles sont les ressources des rhéteurs ? est-il vrai que souvent comme le maître d'Horace ils ont plus d'honneurs que d'honoraires ? (2). La mélan-

---

(1) « *Bonæ mentis soror est paupertas* ». « *Amor ingenii neminem divitem facit.* » Aus.

(2) Suét. 9. « *Orbilius docuit majore fama quam emolumento* ».

colique réflexion de Libanius : « ce n'est pas seulement de nager dans l'abondance, mais encore de mourir de faim qui nuit à l'éloquence » nous laisse deviner la situation.

Les moyens de subsistance employés par les autres maîtres, leur sont interdits : le decorum les retient dans la misère où ils peuvent se trouver réduits.

Nous avons vu l'Etat intervenir auprès des sénats en leur faveur, mais municipalités et élèves paraissent s'accorder pour frustrer le maître.... Les beaux temps sont passés où Gniphon se confiait aux libéralités de ses élèves, et n'avait pas à s'en plaindre (1) ; ou Chrypsippe disait « il y a trois moyens de s'enrichir : le pouvoir, les amis, la rhétorique ». Bien souvent s'évoque au contraire l'image de Valérius Caton chassé par les huissiers.

Le trait de Proérésius et d'Héphestion est caractéristique. « Tous deux, concitoyens et amis n'étaient rivaux que de génie et de pauvreté. Ils n'avaient pour deux qu'une tunique et un manteau ; hormis trois ou quatre couvertures si usées, si crasseuses qu'on n'aurait su en dire la couleur première. Quand Proérésius paraissait en public, Héphestion se cachait à la maison sous les couvertures et s'exerçait tout seul à l'éloquence. Quand Héphestion sortait, Proérésius prenait sa place » (3).

(1) Suét. 17.
(2) Eun. *Vie de Proérésius.*

Entendons plutôt Libanius qui habilement et spirituellement nous intéresse aux rhéteurs malheureux.

« De ces professeurs, les uns n'ont pas même à eux une petite maison : celle qu'ils habitent est à d'autres Ceux qui ont acheté celle où ils demeurent n'ont pu encore en payer le prix, si bien que celui-là même qui semble dans une condition meilleure est dans le plus profond découragement. L'un a trois esclaves, l'autre en a deux, un' troisième en a moins encore ; et ces esclaves, par cela même qu'ils sont peu nombreux sont le rebut des esclaves, s'enivrent, insultent leurs maîtres ne les servent pas ou le font d'une manière indigne de leur profession. On proclame heureux le professeur qui n'a qu'un enfant, malheureux celui qui en a plusieurs. La prudence ordonne à tous d'éviter ce danger, si bien que celui qui se montre avisé redoute et fuit le mariage. On voyait autrefois ceux qui donnaient à nos concitoyens le même enseignement que donnent nos rhéteurs, entrer dans les boutiques des orfèvres leur donner des vases d'or et d'argent à travailler, s'entretenir avec ceux qui façonnent ces objets d'art, critiquer leur travail, montrer quelque chose de plus beau, louer leur activité ou blâmer leurs lenteurs. Nos maîtres d'aujourd'hui, vous pouvez m'en croire, n'ont guère d'entretien qu'avec les boulangers, non parce que ceux-ci leur doivent du blé ou leur promettent de l'argent, mais au contraire parce que eux-mêmes doivent à ces artisans et que promettant toujours de payer, ils demandent toujours du crédit, pressés qu'ils sont par deux nécessités contraires : la nécessité de les fuir, celle de les poursuivre ; ils les évitent comme débiteurs, ils les poursuivent comme affamés ; ils les fuient honteux de ne pas pouvoir les payer, ils se retournent vers eux cédant au cri de leurs entrailles à jeun. Lorsque la dette s'est accrue hors de mesure, et que le professeur ne voit rien venir qui l'aide à la solder, maudissant l'art de la parole, il arrache du cou de sa femme son dernier collier, va le déposer chez le boulanger et rentre chez lui préoccupé non de savoir comment il remplacera cette parure, mais de chercher ce qu'il pourra encore mettre en gage après cela. Aussi voit-on les professeurs éviter leur intérieur et au lieu de chercher avec bonheur le repos au sein de la famille après leurs travaux, demeurer immobiles dans leurs écoles comme des gens qui redoutent de retrouver plus vif, en rentrant chez eux, le sentiment de leur misère. Puis se réunissant, il déplorent ensemble leur funeste condition et chacun en racontant ses propres maux, en entend raconter de pires encore, et moi, au milieu d'eux je demeure couvert de confusion, deux fois honteux et d'être votre concitoyen et d'être le coryphée de ces malheureux ».

Si Libanius présente énergiquement les revendications de ses confrères, il reconnaît avec impartialité l'âpreté d'un certain nombre. Il les compare aux brebis faméliques attirées par la branche verte d'olivier (1). Thémistius confirme (2) « ils saisissent par quelques cheveux les élèves comme des poissons encore entiers, les renvoient muets comme poissons, mais ne forcent pas moins à payer. »

Il est loin le temps où les anciens regardaient comme un sacrilège de vendre la science, où la muse du discours n'était encore ni mercenaire ni avide du gain, où les cantilènes de Terpsichore douces comme miel n'étaient pas objet de commerce (3).

A juste titre on ne se scandalise plus de voir rétribuée une fonction laborieuse et utile ; mais l'or joue en ce siècle de début des décadences un si grand rôle qu'on ne peut s'étonner de voir la fortune, mère de liberté et souvent de gloire, recherchée par ceux que l'esprit a faits indépendants et épris de renommée.

Les auteurs chrétiens redisent tous ce grief, reprochent aux rhéteurs (4) de lutter des pieds et des mains pour augmenter leurs ressources, mais la pauvreté réelle que signale Libanius (5) et dont les décrets des empereurs corroborent l'existence n'a-t-elle pas accentué la note âpre de cupidité infligée à ceux à qui beaucoup était dû et peu était donné.

(1) *Or. XXIX.*
(2) *Or. I.*
(3) Pindare. *Isthmiq.* Od. 2.
(4) Greg. Naz. *Ep. 117.*
(5) Bas. *Ep. 115.*

L'étude attentive des documents amène d'ailleurs nos chercheurs à se convaincre qu'on a accusé les anciens de cupidité par je ne sais quel esprit de dénigrement injustifié.

Voyons cependant brièvement les honneurs et honoraires des rhéteurs.

Le plus important est la rétribution payée par chaque élève, garantie dans une certaine mesure par la ville pour le rhéteur reconnu.

Elle devait être variable selon le renom du maître, l'autorité de son savoir, la diversité et l'importance des matières qu'il enseigne, la condition et le nombre de ses auditeurs.

Damien d'Ephèse payait dix mille deniers le plaisir d'entendre Adrien et Aristide, les meilleurs auteurs de l'époque « trouvant infiniment plus agréable de donner cet argent pour ces délices que pour voir de beaux garçons ou de belles filles ». A ce moment Proclus, le maître de Philostrate, offrait ses leçons pour un forfait de cent drachmes.

Tatien reproche aux Grecs que quelques-uns de leurs philosophes reçoivent de l'empereur de Rome jusqu'à six cent pièces d'argent pour l'occupation la plus futile.

Le premier professeur public établi à Athènes par Marc-Aurèle, Théodote le sophiste, avait un traitement de dix mille drachmes, dit Philostrate. Ce traitement fut-il la rétribution consacrée des professeurs reconnus ? Il est difficile de résoudre cette question.

(1) *Or. ad. Græc.* XXXII.

De même la retraite dont Quintilien jouit après vingt années d'enseignement paraît être un fait isolé (1).

Jérome résume les autres honoraires : les étrennes des Calendes, la sportule des Saturnales, et le Minerval (offert aux fêtes de Minerve) (2).

Il faudrait ajouter les émoluments offerts avec un discours de remerciement par les élèves qui quittaient l'école, les jetons d'entrée, dont parle Lycon qui servaient même simplement pour visiter, les cadeaux de divers genre : esclaves, chevaux, etc., et, pour les rhéteurs officiels, les produits de terres appartenant à la ville, les rénumérations pour les discours publics, éloges, panégyriques, ambassades, etc.

Une autre grande source d'avantages pour ces derniers ce sont les immunités... Thémistius en indique le principe accepté dès l'avènement de César Auguste. « Etre sophiste, d'après la loi, c'est un honneur, une dignité, c'est être utile à la République (3). La fonction sociale et la dignité de l'éducateur sont reconnues ; la conclusion logique et pratique ce sont les privilèges.

Le droit de cité avec ses multiples avantages est un des premiers qui leur soit concédé... droit devenu illusoire depuis qu'il a été étendu à tous.

Puis c'est le droit à l'annone : la nourriture aux

(1) *Inst. orat. proœm..*
(2) *VI Ep... ad Ephes.*
(3) Them. *Or. IV.*

frais du public... Trajan confère aussi à Polémon (1) le droit de libre et gratuite circulation par terre et par mer... Depuis Constantin ils relèvent directement de la justice de l'empereur.

Quant aux honneurs ils sont nombreux. La rhétorique conduit à tout : Eugène passe du trône du rhéteur au trône impérial, Libanius est préfet honoraire du prétoire, Thémistius devient sénateur de Constantinople.

Sans être rhéteurs de profession on sait que Marc-Aurèle, Trajan, Julien, les professeurs les plus intellectuels et les plus libéraux, les esprits les plus ouverts de leur temps furent admirateurs de la rhétorique. Tous sont fiers de la gloire des rhéteurs.

Les villes les regardent comme des génies du lieu (2), des indigètes d'ordre inférieur, pleins d'enthousiasme pour leur admirable et excellente science du discours. Ils sont en relation avec les fonctionnaires, les magistrats, les pontifes avec ceux qui sont de l'aristocratie par le pouvoir, les dignités, la fortune ou l'intelligence.

On place leurs bustes dans les bibliothèques privées et publiques ; on y fait des libations comme devant les Dieux Lares.

On sait les honneurs rendus à Proérésius, à sa statue élevée sur le forum avec cette inscription :

---

(1) Philostr. *Vit. Soph. in Polem.*
(2) Lib. *Or. XXIX.*

« Rome la reine du monde au roi de l'éloquence » (1).

L'accès aux plus grandes charges municipales ou impériales leur est facile. Il est vrai que de ces emplois ils dédaignent souvent les honneurs et les soucis pour rester dans la libre et souverainement glorieuse servitude des lettres. Tels Libanius dont Julien admire le désintéressement, Himérius qui « pour les grandes couronnes de la déesse vierge a quitté les palais dorés, la richesse, les honneurs, tout ce que le vulgaire adore ».

Aussi lorsque Libanius réclame un traitement convenable pour les rhéteurs d'Antioche prend-il soin de dire. « Ne vous y trompez pas, ce n'est pas le prix du savoir que je réclame : car le savoir est digne de la couronne, de la gloire, d'une statue d'airain, de tous les biens du monde ».

Vers la fin du IVe siècle la décadence était sensible. On avait encore en grande estime ce qu'enseignaient les rhéteurs, on l'achetait à grand prix; eux, le vendaient à de bruyantes enchères... (3) Mais, nous dit Libanius « la gloire et l'argent disparaissent en même temps pour ceux qui enseignent un art, que les rois ne considèrent plus... Est-ce que la rhétorique vous paraît avoir grand crédit et autorité à la cour ? est-ce parmi ceux qui savent parler qu'on choisit les magistrats, les con-

---

(1) Eunape. *Vie de Proérésius..*
(2) *Or. I.*
(3) Aug. *De doctr. christ.* IV, 7.

seillers, les ministres du premier rang ? Au contraire on les rejette, on les outrage... Comme on fit à Mégare on les met hors la loi ».

Cette décadence devait rendre encore plus vives les luttes des rhéteurs auxquelles il faut nous initier.

La jalousie est un phénomène fréquent chez les intellectuels et elle se développe d'autant plus que la montée vers la fortune et la gloire est plus âpre... Phénomène bien humain que nous rencontrons aussi à cette époque à chaque page de l'histoire des évêques : dans leurs luttes plus souvent personnelles que dogmatiques, ils passeront aussi les limites imposées aux gens de bonne éducation... Le sarcasme amer, l'injure, la calomnie, les pièges les plus honteux seront en usage là où la vérité et le droit ne suffisent pas.. C'est la lutte sans pitié des heures difficiles.

Nous avons dit déjà les multiples éléments tous légitimes qui concourent à faire le succès d'une école.

Voici un autre procédé de réclame, le seul employé par Libanius, et je m'étonne qu'on ait pu s'en scandaliser si vivement. C'est une lettre à Alexandre, probablement celui que Julien nomma gouverneur d'Antioche lors de son départ pour la guerre des Perses (1).

« En outre comme vous saviez que rien n'illus-

---

(1) Lib. Ed. Wolf. *Ep. 758.*

tre davantage un sophiste que d'être entouré d'un nombreux cortège d'élèves, je ne sais pas ce que vous n'avez pas fait pour dépouiller en ma faveur les professeurs des autres villes et attirer ici autour de moi les élèves dispersés par toute la Syrie.

Je vais vous indiquer d'ailleurs comme il est facile de le faire.

Laissez de côté les cercles nombreux où l'on pérore, ne dites pas de mal des sophistes, ne blâmez pas les pères de leur choix, mais faites venir les jeunes gens sortis de vos mains et récemment inscrits par vous sur le tableau des avocats. Appelez-le ; mettez-les en évidence et donnez-leur la parole.

Pour bien des gens, cette unique question du juge « Où ce jeune homme a-t-il étudié ? » est de la plus grande importance. Ce peu de mots fait que la foule court vers celui qui en a été honoré et tous s'empressent autour du maître de celui qui a assez de crédit pour être utile, dans l'espoir de profiter de son influence. Nous avons vu beaucoup de gouverneurs faire ainsi la réputation de gens jusque là ignorés et s'illustrer eux-mêmes par ce moyen. Nous entendons tous les jours des gens dire en se montrant le rhéteur en renom : C'est Rufin, c'est Himérius, c'est celui-ci, c'est celui-là qui l'a mis en réputation.

En effet, comment le plus habile orateur montrerait-il son talent s'il n'avait occasion de le faire ! A ceux qui sont plus âgés, les temps, les circonstances fournissent quelque occasion, mais pour les nouveaux venus à votre barre, c'est vous seul qui pouvez la leur fournir. Suivez cette voie, ô le plus grand des hommes, et selon vos désirs vous verrez une foule plus nombreuse entourer votre Orphée ».

Ce procédé porte d'ailleurs en lui-même sa sanction et sa réparation lorsque, au préfet ou au préteur bienveillant succèdent des fonctionnaires malveillants.

Mais voici mieux : un moyen plus proche du ridicule que du scandale. « Pressé de toutes parts, ses discours ne lui attirant plus personne, décrié d'ailleurs par ses mœurs, le sophiste de Nicomédie eut recours à un autre expédient : il s'acheta des élèves, prodiguant les revenus de ses terres qui étaient considérables. Les élèves reçurent l'argent mais ne se livrèrent pas. Le secret fut divulgué et ce fut bientôt par la ville un rire universel sur ses machinations, ses menaces et ses déceptions... Il y avait même en cause la femme d'un de ses amis qui avait pris part aux intrigues et aux dépenses... » (1).

L'achat, nous l'avons dit, se faisait le plus souvent par l'intermédiaire des pédagogues.

Parfois c'est un rhéteur qui embrigade quelques élèves et en fait des raccoleurs... ils vont attendre les nouveaux et les conduisent bon gré mal gré à leur propre maître... ces chasseurs, à qui le professeur fait quelque remise de pension sont ensuite les maîtres de claque pendant les leçons.

(1) Lib. Ed. Reiske, I.

Eunape nous en signale d'autres qui « pour prendre les jeunes gens dans leurs filets donnent de bons dîners avec de gentilles petites servantes ».

Tantôt c'est l'essai de corruption de magistrats ou fonctionnaires afin qu'ils débarrassent d'un rival gênant ; tantôt l'emploi de la violence : Egyptius à Athènes n'échappe à la mort que par le serment qu'il fait de quitter la ville.

Plusieurs traits de la vie de Libanius vont nous convaincre de la vivacité et de la ténacité de la lutte entre ces maîtres du savoir qui adoucit les mœurs.

A Athènes dès le début, « l'inquiétude et le soupçon gâtent la joie qu'il ressent du grand honneur d'être à vingt-cinq ans appelé à professer dans la glorieuse ville. « Ni les autres ni nous ne dormions en paix. Ceux-ci tenus éveillés par les pièges qu'ils tendaient, nous par la crainte de ce que nous pouvions attendre de désagréments et d'ennuis » (1).

A Constantinople après les difficultés du début le succès vient avec les honneurs, réveillant les jalouses et haineuses rivalités Les deux sophistes que Libanius venait troubler en la possession de leur école se plaignent amèrement, l'accusent de violence et de ruse, d'insatiable ambition. Il est temps que Bémarchius revienne de cette fameuse tournée oratoire dans laquelle il est allé, jusque sur les bords du Nil, faire parade et bénéfice à l'aide

(1) Lib. Ed. Reiske, I. 20.

d'un unique discours. Ce sophiste avait l'oreille de Constance dont il flattait la religion et plaisait aux ignorants de son entourage... Les chrétiens le favorisaient et « le jeu et les festins qui vont jusqu'à l'ivresse » lui avaient donné de nombreux amis. Aussi arrive-t-il souriant comme les heureux et les forts, convaincu qu'il rentre en un domaine inaliénable, et qu'à son seul aspect Libanius va disparaître. Mais ses anciens élèves ne reviennent pas, il assiste à une réunion où Libanius prend la parole et en sort peu rassuré, sans avoir osé, malgré les prières de ses amis, « lancer son tonnerre » et « écraser du premier coup son adversaire ». Un mois après il présente un discours sans produire grande impression : il se décide alors à exhiber son fameux et triomphal discours : échec nouveau et cependant Libanius « applaudit pour faire croire qu'il comprenait ». A la lutte loyale succède une guerre sans pudeur : il fait interdire par le préfet, qui est son ami, à Libanius de donner d'autres séances ; la ville prend parti pour ce dernier et Bémarchius comprend qu'il lui faut à tout prix se débarrasser de la personne de son adversaire « S'il avait pu se défaire de moi par le poison, il en serait venu à la coupe ; mais ne le pouvant, il s'en allait partout déclamant qu'il était vaincu par la magie, que je fréquentais un homme qui commandait aux astres ». Il lui faut des auxiliaires: poètes et sophistes sont là qu'excitent le dépit, la crainte et l'envie. Le peuple se soulève contre le préfet : ils font de

Libanius un agent de désordre. Le nouveau préfet, Liménius va terminer la lutte « Il aurait voulu passer pour un Dieu, je ne l'avais même pas pris pour un homme sérieux « aussi avait-il sur la place publique, demandé à la Fortune d'être au pouvoir assez longtemps pour me faire périr ». Malgré l'usage qui imposait l'amnistie, il met à la torture un des serviteurs de Libanius pour lui faire accuser son maître et en même temps fait prévenir celui-ci de quitter la ville s'il veut avoir la vie sauve... Libanius peu soucieux d'attendre la mort de gaîté de cœur, part. (1).

A Nicomédie, la même guerre se renouvelle avec des traits nouveaux. « La femme du sophiste mon rival souffrait d'un mal violent qui lui avait attaqué le cerveau. Celui-ci en rejetait la cause sur mes maléfices ». Sa femme meurt; de sa tombe à peine fermée il court au tribunal dénoncer Libanius. Le juge ne peut admettre que celui-ci eut dépensé en pure perte sa puissance magique à faire mourir la femme en laissant vivre l'adversaire : Un copiste crétois de Libanius est cependant arrêté et le rhéteur se décide à poursuivre son accusateur... Celui-ci prétexte sa douleur pour excuse et Libanius qui voudrait que ses ennemis n'eussent jamais d'autre châtiment que son pardon, intervient en sa faveur.

Vient l'essai d'achat d'élèves dont nous avons

(1) Lib. Ed. Reiske, I, 23-26.

parlé... Le Bythinien, dont la femme s'était compromise en cette affaire, veut néanmoins soutenir la cause du misérable rhéteur. Le préteur de Cappadoce, magistrat peu scrupuleux, est son ami, et leur intimité est renforcée de complicité assez honteuse, s'il en faut croire Libanius : « Ils se sont tout accordé réciproquement pendant leur jeunesse » et continuent de le faire. Libanius et sept de ses élèves sont appelés à Nicée. « Les habitants de Nicomédie nous pleuraient tous vivants comme ces jeunes gens que les Athéniens envoyaient dans le Labyrinthe au Minotaure... Déjà les coqs chantaient, les hérauts criaient, on frappait à la porte... Nous nous assîmes dans une boutique de marchands de myrrhe, attendant l'heure de comparaître... Un peu avant l'heure de midi nous vîmes arriver à moitié hors de lui notre calomniateur, criant que Philagrius lui-même avait été vaincu par mes philtres... » Les philtres assez puissants pour modifier l'attitude du préteur étaient l'annonce que le consul Philippe étant en route pour la Cappadoce « le temps de la faveur était passé, la loi devait être souveraine ». Le préteur comprend qu'il doit une réparation à Libanius, il connait assez les sophistes pour savoir que lui promettre d'assister à une de ses séances de rhétorique fera tout oublier... Mais voici qu'à cette séance le fameux Bythinien intervient avec son incorrigible rhéteur, et réclame qu'il soit entendu... Mais le stade l'a troublé, la mémoire disparaît et il s'écrie qu'il est toujours victime des mêmes sortilèges... Philagrius lui demande de lire son discours « nous ne sommes pas venus pour juger de votre mémoire mais bien de votre éloquence ». Le sophiste déclare qu'il a la vue aussi troublée que la mémoire.« Qu'un autre rhéteur le lise, dit Philagrius » mais le sophiste s'enfuit... Le lendemain il accourt menaçant et en armes à la rencontre de Libanius qui se réfugie dans le temple de la Fortune ». Ainsi se terminent les luttes de Nicomédie (1).

A Antioche, sa ville natale, Libanius se trouve aux prises avec les mêmes procédés de la part d'un sophiste phénicien, Eubulus... jaloux comme les autres. Il profite de la présence de Gallus pour soudoyer un jeune homme « à qui la débauche avait jusqu'à ce jour procuré plus d'un dîner ». Ce misérable accuse Libanius d'avoir en sa possession, deux têtes de femmes qui avaient servi pour un maléfice contre Gallus et contre Constance son oncle... Le résultat fut tout autre que celui qu'ils attendaient : l'accusateur fut châtié et le sophiste réduit à se réfugier à l'extrémité de la ville. Libanius ne lui tint pas rigueur et usa de son crédit auprès du préfet Stratégius quelques années après pour faire augmenter ses contributions de vivres... L'envie dessèche les cœurs et en mangeant le revenu qu'il devait à son rival il se conduit encore en ennemi. Peu de temps après, le rhéteur d'Antioche prononce en trois séances l'éloge de Stratégius. Ce

(1) Lib. Ed. Reiske 44-53.

dernier enthousiasmé emploie dix copistes à en reproduire de nombreux exemplaires destinés aux principales villes... Eubulus soudoie un copiste et « abusant du proverbe s'approprie la dépouille de l'ennemi ». Il déplace, change les expressions, en intercale de nouvelles et a l'audace d'inviter Stratégius à entendre son plagiat. On ne voit pas sans étonnement « la tortue prendre le galop du cheval » et bientôt fut révélée l'acquisition du discours à prix d'argent... Le malheureux copiste avoua dès qu'il vit le fouet et le sophiste, cité devant le préfet, n'essaya pas de se défendre (1)...

Citons en terminant un procédé qui fera sourire mais qui n'en est pas moins un trait de mœurs curieux. Libanius a soixante-dix ans et une grave maladie met ses jours en danger. L'art des médecins est impuissant. Ses amis le conjurent de poursuivre certains magiciens désignés comme les auteurs de pareils maléfices. Le rhéteur ne voulut pas, déclarant qu'il fallait plutôt prier les Dieux. « Pourtant, dit-il gravement, on trouva un caméléon dans l'endroit même où je donnais mes leçons Ce caméléon était certainement mort depuis bien des années ; on pouvait voir sa tête placée entre ses pattes de derrière, des deux pattes de devant l'une manquait, l'autre fermait la bouche... Malgré l'évidence je ne voulus trouver le nom d'aucun coupable ! » (1).

(1) Lib. Ed. Reiske, 64, 65, 69, 76, 78, 79.
(1) Reiske, 149.

Etranges mœurs, étrange crédulité en des hommes laborieux et distingués ! C'est là un des coins du siècle où la décadence s'accuse le plus et où la vertu moralisatrice du savoir apparaît le moins... Des temps plus civilisés rediront les mêmes leçons; l'humanité crédule et jalouse est de tous les âges... la science n'émancipe que partiellement... l'esprit et le cœur de l'homme sont toujours faibles par quelque endroit.

CHAPITRE VI

LA RHÉTORIQUE SUPÉRIEURE

Hors l'éducation qui s'adresse à la jeunesse n'y a-t-il pas une forme supérieure d'instruction, une haute culture intellectuelle qui entretient le savoir et le développe. Educatrice sans prétention, agréable non sans profit, elle retire et repose des multiples travaux qui absorbent l'activité. De cette forme d'enseignement social que le livre et le journal répandent si facilement aujourd'hui, la rhétorique était l'instrument au IVe siècle.

Le rhéteur n'avait pas d'ordinaire rempli toute sa mission lorsqu'il avait façonné la jeunesse à l'art si difficile de bien dire, il avait auprès de ses concitoyens une œuvre nouvelle à réaliser, quand la reconnaissance officielle ou le groupe nombreux de ses élèves l'avait fixé dans la ville.

Discours d'apparat, discours de rentrée et de sortie de l'école, souhaits de bienvenue aux nouveaux fonctionnaires, allocutions aux personnages importants qui viennent dans la ville, panégyriques des empereurs ne sont qu'une partie de ses travaux. Il célèbre les événements heureux, et offre ses savantes consolations lorsque la joie ou le deuil atteignent quelque famille opulente ou illustre. Les fêtes de la ville seraient sans charme si le discours du rhéteur ne les embellissait. S'il n'est pas un vil complaisant, si au culte de son art il joint le sentiment de sa mission et de son pouvoir, s'il est l'homme disert doublé de l'homme juste, il adresse aux fonctionnaires et aux magistrats ses observations et ses blâmes, au sénat ses réclamations : la majesté impériale ne l'intimide pas. Il dénonce les injustices privées, les malversations publiques. L'agréable charmeur des fêtes devient l'impitoyable et redoutable censeur de l'iniquité des puissants, le champion de l'honnête et du juste. Le conférencier se fait homme d'Etat et sa voix sera souvent la seule qui arrêtera ceux que la fortune et le pouvoir rendent si facilement injustes, insoucieux de l'équité.

Pourquoi n'a-t-on pas voulu voir ce côté glorieux de la rhétorique au IVe siècle ? Pourquoi s'est-on contenté de redire, les uns avec mépris, les autres avec une bienveillance qui ne va pas sans critique, que la rhétorique était « une école d'impudence » ou une vaniteuse occupation de bavards décadents ?

« Qui sait, dit M. Petit de Julleville, un des critiques les plus bienveillants pour la rhétorique, si la pensée était pour eux autre chose ou plus qu'un simple motif, un thème à développer, quelque chose qui soutenait le discours sans lui prêter aucune valeur, comme est le livret dans un opéra ?

Art misérable, dira-t-on ? En quoi plus que la musique dont il diffère si peu ? Et que restera-t-il du plus bel opéra, lorsqu'il n'en restera que le livret et une notation devenue inintelligible. Ne soyons pas trop sévères pour les rhéteurs musiciens dont l'instrument est brisé et les auditeurs devenus sourds ! »(1)

Ce n'est là à notre sens qu'une justice partielle. Nous aurions voulu faire tomber toutes les préventions qui subsistent et montrer que le musicien avait une âme, que le dilettantisme n'avait éteint ni les grandes pensées qui « dédaignent de s'agenouiller » (2) ni les vives indignations de l'homme et du citoyen. Nous ne pouvions le faire sans sortir de notre programme : notre étude sur les Discours Politiques de Libanius est prête et attend son heure.

C'est donc aux multiples manifestations de la rhétorique supérieure dans l'école ou touchant les questions d'école que nous allons nous initier à Antioche même, voir déjà comment le rhéteur sait plaire, instruire, être utile, moraliser.

Signalons auparavant le traditionnel usage des rhéteurs d'aller porter la parole un peu partout. Au sortir de l'école, la nécessité souvent créait ces voyages. L'étudiant ne se transformait pas en maître sans quelque labeur ; il devait faire montre de savoir afin d'attirer la confiance. Il partait alors avec un discours longuement étudié et le débitait de ville en ville moyennant rétribution... Sa confé-

(1) *L'École d'Athènes au IVe siècle.*
(2) Maurice Barrès.

rence annoncée à l'avance réunissait les étudiants et les amis du savoir et du bien dire : le rhéteur officiel ne manquait pas d'y assister. Aussi toutes les séances n'étaient point calmes : on y prenait parti, il y avait des contradicteurs, voire même la claque et la cabale réglée selon que le rhéteur reconnu accueillait le nouveau venu comme un confrère ou comme un rival...

Ainsi à travers de multiples incidents qui semaient un peu de charme sur ces promenades, le rhéteur errant rencontrait un confrère qui avait besoin d'aide et l'associait à la direction de son école, une municipalité disposée à créer un traitement ou à la recherche d'un professeur. Libanius nous initie à ce travail des rhéteurs lorsqu'il nous raconte son voyage à Héraclée avec son ami Crispinus, les menées du Macédonien qui à Platée avait l'habitude de causer une foule d'ennuis à ceux qui traversaient le pays, les éloges qu'ils échangent à Constantinople avec les rhéteurs qu'ils y rencontrent (1).

Des professeurs déjà nantis ne cherchaient en ces voyages que l'occasion de se faire applaudir et d'étendre leur renommée. Ces applaudissements avaient évidemment un caractère et une valeur que n'avaient pas ceux de l'auditoire ordinaire, et excitaient à de nouveaux efforts.

D'autres, à l'instar des anciens sophistes, se lais-

(1) Lib. Ed. Reiske I, 23.

saient entraîner par l'appât du gain, comme une brebis famélique par un rameau vert : tel Bémarchius de Constantinople.

Pour beaucoup c'était l'occasion de multiplier ses connaissances. Les voyages d'instruction étaient toujours en honneur. On rappelait dans les écoles qu'Ulysse avait « parcouru tant de cités et connu les mœurs de tant de peuples » qu'Hercule avait en ses longues pérégrinations appris la vraie notion du juste et de l'injuste.

Chrétiens et païens s'accordaient à pratiquer ce procédé d'instruction si conforme à la nature humaine et si capable d'élargir les esprits dans un libéralisme bienveillant. C'était « l'aurea insania » qui amenait Julien adolescent aux écoles de la Grèce, Libanius à Athènes, à Constantinople, à Nicomédie, Grégoire de Nazianze à Césarée, à Alexandrie, à Athènes « pour amasser la science » et Thémistius avait parcouru avec soin toutes les villes de la Grèce, était allé plus loin que Socrate « afin que de sa mémoire enrichie de connaissances multiples, il puisse tirer des trésors pour ses auditeurs ».

Conférencier errant ou professeur fixé dans la ville c'est ordinairement dans l'école que le rhéteur se fait entendre, parfois aussi au théâtre. Chaque ville a le sien quelquefois même plusieurs : là le mime symbolise, le comédien raille, le tragédien déclame, le danseur de corde observe l'équilibre, le prestidigitateur fait ses tours de passe-passe, l'histrion gesticule...

De là vient que Grégoire de Nazianze traite les figures de rhétorique, de « bagatelles théâtrales ».

Les rhéteurs riches avaient souvent un théâtre privé : tel Julien à Athènes.

Ecoles, palestres des maîtres de gymnastique, cours des maisons importantes étaient quelquefois louées par le rhéteur ou gratuitement offertes par quelque riche ami.

Dans les grandes circonstances, la curie elle-même était ouverte. Les éloges du préfet et de l'empereur étaient, à Antioche, prononcés dans leurs palais, sauf cependant lorsque, pour « faire honneur à l'éloquence », un préfet venait à l'école entendre son panégyrique.

Le théâtre, d'ailleurs, était évidemment le local le plus propice à ces réunions ; dans les autres, on essayait d'imiter sa disposition. Des gradins étaient arrangés en demi-cercle à l'endroit où se tenait d'ordinaire le chœur ; parmi les sièges réservés aux personnages importants, était placé, les dominant tous, le trône du rhéteur que souvent surmontait un dais aux riches tentures : décor luxueux dont faisaient partie d'ordinaire des coussins de prix. Symbole et principe d'arrogance, le trône n'en était pas moins raillé par les étudiants qui avaient conservé avec soin l'appellation d'Aristophane et nommaient irrévérencieusement ταρρον, « perchoir », « le trône sublime » de leurs maîtres.

Dans la salle se pressaient les invités du rhéteur ou du personnage qui était l'objet de cette fête d'éloquence. C'était grande joie lorsqu'on avait reçu promesse d'« une déclamation » ou « d'un jour », comme dit Juvénal. Par contre, c'était un vrai malheur pour le sophiste de n'avoir pas une nombreuse assistance.

Trois jours avant la séance, délai ordinaire, ou bien un héraut l'annonçait dans la ville, ou bien le rhéteur invitait par programmes, libelles ou visites. Synésius le montre frappant à la porte de tous les adolescents.

L'heure venue, le rhéteur quittait sa demeure à cheval ou en char, escorté de ses familliers, de ses élèves... Cheval ou char étaient luxueusement harnachés : Polémon avait un char inscrusté d'argent.

Le rhéteur n'avait pas moins soigné sa toilette, son vêtement. Il avait, selon l'usage, chargé ses doigts d'anneaux : professeurs, avocats, évêques, le font tous, attestant la réalité des mœurs raillées par Juvénal (1), « la pourpre et l'améthyste font valoir l'orateur...Cicéron n'obtiendrait de personne deux cents sesterces à moins qu'un anneau précieux ne brillât à son doigt. Le plaideur examine d'abord si vous avez huit porteurs et dix clients... Paulus n'oubliait pas de louer une sardoine chaque fois qu'il devait plaider... L'éloquence et la pauvreté semblent incompatibles... »

Dion de Pruse se couvrait d'une peau de lion : d'autres, au contraire, exagéraient la laideur et la

---

(1) *Sat. VII.*

saleté et sans chaussure, les cheveux en broussaille, se présentaient à leur auditoire.

Tous revêtaient le pallium des sophistes, ordinairement de pourpre...

Ce n'était pas sans émotion qu'ils abordaient leur chaire. Ils savent qu'une glorieuse réputation lente à acquérir est facile à perdre, que la critique est prête sur les lèvres; aussi : « quel travail! quel souci! que de nuits sans sommeil et quels jours passés à méditer le peu qu'il doit dire ». Polémon voit un gladiateur tout en sueur et tremblant pour sa vie : « Ainsi, dit-il, craint le rhéteur qui va parler ». « Enfin, dit un autre rhéteur, je n'ai donc plus à aborder ce forum frivole et redoutable ni à rechercher cette gloire qui m'a tant de fois fait pâlir ». L'empereur Julien passe sans sommeil une nuit inquiète parce que Libanius doit parler le lendemain. « Et lorsqu'il a bien écrit, bien appris, bien prononcé son discours, le rhéteur demeure encore anxieux, bouleversé comme une mer agitée (1). »

Le rhéteur soigne particulièrement son entrée en scène. Il sait combien un auditoire est alors attentif à tout et comme souvent le rhéteur, par ses saluts, ses sourires, son attitude, charme et se concilie une bienveillance qui ne se démentira pas. Souvent, sa seule présentation excite un murmure d'admiration. « Mon oncle qui me présentait, entrait en tremblant; mais moi, je le suivais en sou-

(1) Chrysost.

riant, et la fortune m'inspirait une noble assurance. Je promenai mes regards sur la foule ; par cela seul et sans avoir ouvert la bouche, je frappai mon auditoire d'admiration (1) ».

Le rhéteur parlait ensuite ; le plus souvent assis, avec dignité et majesté, ses gestes soigneusement mesurés. Puis, lorsque avec la pensée l'action s'animait, il se levait pour accentuer l'importance de ce qu'il disait.

Quant à la voix, nous ne pouvons que deviner à quel point de perfection dans la suavité et la sonorité ils étaient parvenus, en songeant à la mélodie de la langue, à l'instinct musical de la race, à toute l'éducation rythmique qu'ils recevaient. Aussi les comparaisons qui se présentent toujours sont avec « Nestor », « les rossignols », « les ruisseaux de miel ». « Il épandait son discours avec une telle grâce, dit Eunape d'Edésius, que ceux qui l'entendaient, oublieux d'eux-mêmes comme s'ils avaient bu l'eau du Léthé, demeuraient suspendus à ses lèvres ; tant il différait peu des Sirènes dont la parole est d'une suavité musicale ». Libanius ne fut-il pas accusé de recourir aux charmes magiques. « De même qu'on ne saurait accuser de violence la beauté qui attire tous les cœurs, on ne peut accuser de violence ni de malignité celui dont l'éloquence produit l'effet de l'aimant sur le fer (2) ».

« Lorsque Procope allait au théâtre pour y porter

(1) Lib. Ed. Reiske, I, 63.
(2) *L.c.*, I, 30.

ses propres œuvres, et il le faisait souvent pour inspirer aux jeunes gens l'amour de l'éloquence, il frappait d'admiration tout l'auditoire, enchantait l'assemblée tout entière. Aussi, cette sirène qui, sur le tombeau de Isocrate, rappelle que ce rhéteur charmait toutes les oreilles, il conviendrait qu'elle fût placée sur ce tombeau... Son âme était une source aux flots saturés de saveurs de toute espèce... C'était une joie pour le regard de rencontrer un de ses sourires (1) ».

Un discours public était donc toujours une fête des yeux, des oreilles et de l'âme... L'un se laissait captiver par le geste, l'autre par le luxe, celui-ci par un sourire, celui-là par un trait d'esprit, un mot heureux, tous par l'infinie mélodie de cette souple parole au service de la plus harmonieuse des langues.

Aussi quel enthousiasme ! quels applaudissements accueillaient le rhéteur ! Lors du premier discours de Libanius à Antioche, dès avant le lever du soleil la salle du sénat est remplie : pour la première fois elle est insuffisante ; quelques-uns avaient même passé la nuit. Des larmes accueillent son exorde et bientôt l'enthousiasme déborde. «[Personne n'était]lent, faible pour frapper du pied et marquer son admiration : les goutteux eux-mêmes se levaient oubliant leurs souffrances et lorsque je voulais les faire asseoir, ils disaient que ma

---

(1) Choricius de Gaza.

parole les forçait à se lever ». Libanius a pris soin de nous conserver un trait curieux de la sensibilité de Julien aux plaisirs du bien dire. Dès le commencement du discours (qui est son éloge), le prince témoigne la joie qu'il éprouve des beautés de la forme ; mais bientôt il ne peut se contenir : il s'élance de son trône, étendant de ses mains tout ce qu'il peut étendre de sa chlamyde, oubliant ce qu'il devait au decorum et rappelant les transports naïfs des hommes du peuple. Il n'en restait pas moins dans son rôle. Quoi de plus digne d'un roi que d'élever son âme à goûter les plaisirs de l'éloquence (1) ? »

Il ne faudrait pas croire cependant que tous les applaudissements fussent spontanés. Souvent la claque était organisée ; les dettes remises, les services rendus, la gratuité accordée à certains étudiants, les dîners offerts, amenaient là une clientèle qui manifestait bruyamment sa reconnaissance. Au fond de la salle les amis puissants préparaient « les voix sonores de leurs clients ». Les rhéteurs débutants et miséreux avaient la ressource de la claque salariée... Du reste, cela ajoutait de l'entraînement à cette fête : l'applaudissement faisait partie du plaisir dans ce monde oriental expansif qui applaudissait au forum, au tribunal, dans les festins, dans les églises !

Il est temps maintenant de voir en quelques-uns

(1) Lib. Ed. Reiske. I, 87-88.

de ces discours, ce qu'était cette rhétorique si puissante alors et si prisée.

Voici d'abord les discours probablement prononcés à l'Ecole à laquelle d'ailleurs ils appartiennent par le sujet. C'est en des réunions assez semblables aux séances littéraires de nos lycées, fêtes du goût offertes aux parents des élèves et à toute la ville, que le rhéteur prononce ces discours.

Le prologue ressemble assez à ces discours d'ouverture de cours, où s'expose avec un apparat spécial le sujet que le professeur va traiter. C'est un morceau d'éloquence particulièrement soigné et qui excite souvent le plus l'enthousiasme des auditeurs. Libanius parle de l'accueil fait à ses prologues sur Démosthène à Nicomédie et à Antioche. Il ne nous reste pas d'exemples à citer.

La rentrée des élèves et leur départ étaient aussi solennellement célébrés par le maître. Si l'on en croit Himérius, le propemptique ou discours d'adieu est depuis peu en usage. Voici quelques mots extraits d'un de ces discours où Himérius s'adresse à ceux qui manquent à l'appel : « J'aurais voulu les interroger, leur dire : quelle voix pourra charmer vos oreilles à l'égal de ma propre voix ? Quel geste enchanter vos yeux mieux que mes gestes ? Quels oiseaux printaniers et chanteurs chantent si plaisamment ? Quel chœur plus harmonieux et mieux réglé par le son des flûtes et des chalumeaux peut toucher votre âme autant que le seul écho de cette chaire ? »

Quelques courts extraits d'un discours de rentrée, tiré des œuvres d'Himérius — il ne nous en reste pas de Libanius — suffiront à caractériser le genre, abstraction faite de la note personnelle de l'orateur :

« Avant l'initiation qui doit vous ouvrir le sanctuaire, proclamons hautement ce que vous devez faire, ce que vous devez éviter : mystes et initiés, écoutez tous. Que la balle tombe de vos mains, que le stylet seul occupe votre attention, que les jeux s'arrêtent dans la palestre, que l'atelier des Muses se rouvre... Désertez les rues, gardez la maison, écrivez. Mollesse et volupté ne s'accommodent pas du travail ; arrivez moi un peu sales, mais foulez aux pieds la paresse ».

Il a un mot charmant pour les nouveaux : « L'un arrive du mont Arganthe, au pied duquel ma famille fleurit en blonds rejetons... L'autre m'est envoyé de la Galatie : c'est la première colonie que reçoive de là l'éloquence. Deux autres naquirent voisins du Caïcos dont les flots d'or tressailliront je pense quand nous leur rendrons ce beau couple. Je vois encore un chœur d'enfants du Nil : un jour des bords de l'Ilyssus chers aux Muses, nous les renverrons à l'Egypte au son des lyres, couronnés de fleurs, pour qu'ils enchantent la mer où tombe le Nil avec les sistres de l'Attique ».

Ne nous attardons pas aux discours littéraires, fort voisins des exercices d'école dont ils se distinguent cependant par leur étendue, leur caractère poétique, leur sujet même. La dissertation, s'il faut ou non rappeler à Corinthe Laïs, la fameuse courtisane, nous montrerait un maître peu scrupuleux sur le choix des modèles. Portée devant un auditoire d'hommes et de lettrés, la question devient légitime et susceptible d'intérêt : Libanius s'y montre un défenseur, non sans courage, de la morale traditionnelle, mais pour habile que soit son plaidoyer, il n'en laisse pas moins subsister les raisons d'une tolérance universellement observée.

Les Antilogies sur Démosthène, celles sur Hérodote, les πλάσματα, discours judiciaires qui se réfutent mutuellement, l'Apologie de Socrate nous présenteraient sur la critique littéraire d'intéressants aperçus mais nécessiteraient une étude hors de proportion. Il nous suffit de noter que la critique positive, scientifique, n'est pas en honneur : l'analyse habile du sujet, l'examen de l'observance des règles, quelquefois une imprécise notion du fait où histoire et légende sont également accueillies, quelques lieux communs scolaires, constituaient la critique de ce temps.

Le culte des formes imposées, le caractère poétique de la rhétorique, la critique littéraire assez superficielle sont les traits que nous pouvons relever en ces discours.

D'autres reproduisent les mêmes caractères mais y ajoutent sur la morale de l'époque des détails intéressants.

Laissons la dissertation sur l'heureux naturel, dont Eunape parle si avantageusement ; les curieuses notes sur les Calendes. La longue apologie des danseurs, en réponse aux attaques d'Aristide, ne manque ni de science ni de charme. Il évoque non seulement la danse harmonieuse des étoiles dans les cieux, mais aussi les danses des Dieux chantées par les poètes : les Muses sur le verdoyant Hélicon agitent leurs pieds charmants... Pan et les Satyres mènent le chœur de Bacchus. — Le nom des Bacchantes s'évoque naturellement auprès de celui des Corybantes...Les Phéaciens dansent dans Homère ; le bouclier d'Achille a une place pour la danse auprès de l'amour, du sommeil et du chant.

Il passe en revue la législation des villes célèbres, les divers progrès réalisés par les arts... pourquoi n'accepter pas les progrès réalisés par celui-ci et s'offusquer de ce que le mouvement y est devenu plus vif et le spectacle plus beau... pourquoi trouver si criminel ce que tous font ?

Il ne faut pas attribuer aux choses les fautes du tempérament : ni la danse, ni le soin de la chevelure qui l'accompagne, ni le luxe du vêtement ne sont mauvais... Distraction et repos, voilà ce que nous y cherchons. Ne demandons pas à notre rhéteur une analyse psychologique bien profonde, mais les détails curieux d'histoire ne manquent pas, non plus que les souvenirs littéraires...Lorsque la tragédie eut disparu, et que pour goûter ses œuvres il fallut une science que la foule ne peut obtenir, un Dieu eut pitié de l'abandon du peuple et lui offrit la danse où il retrouve les grandes actions de l'antiquité sous une forme accessible et charmante. Elle est sa leçon d'histoire et de morale ; elle est son musée de peinture, avec ses tableaux de guerre, et ses scènes agrestes, ses scènes d'intérieur apaisantes... (1).

Une autre thèse n'est pas moins curieuse. « Doit-on se marier ? » Apologie sensée du mariage, des bienfaits de la femme dans un intérieur, et surtout des enfants « le plus précieux et le plus beau fruit de l'hymen : ces fils qui partagent nos travaux et veillent sur notre vieillesse, nous ensevelissent puis ornent nos tombes » (2).

Arrêtons-nous un instant à deux dissertations importantes par leur étendue et leur caractère.

La première a pour sujet l'esclavage. Il ne s'agit point de cette abrutissante pratique encore en usage au IVe siècle. Il faut, hélas, reconnaître que les récriminations et les invectives des philosophes sur ce sujet sont aussi rares que celles des chrétiens. Il est question ici du grand problème de la liberté morale : sujet bien connu dans les écoles, fréquemment traité par les philosophes des deux religions ; Chrysostome et Ambroise en particulier nous offriraient bien des éléments de comparaison. Le fond de la thèse est le même : la sagesse, le bien vivre, la philosophie comme di-

(1) Lib. Ed. Reiske, III. L. XIII.
(2) Lib. Ed. Reiske, IV, 1058.

sent les chrétiens, est un facteur de liberté. Libanius nous la présente avec beaucoup de finesse et d'intérêt : les souvenirs, les caractères y sont semés, nuancés et mêlés avec infiniment d'habileté.

« Maître et esclave, voici deux noms qu'on trouve partout... l'un sonne le bonheur, l'autre l'infortune... Le maître parce qu'il est plus libre trouve l'injustice à son endroit plus criminelle et s'en plaint plus amèrement. Mais vient-on à lui reprocher sa violente colère, sa cruauté vis-à-vis d'un esclave, il se révolte contre ces reproches et allègue le proverbe « on peut battre l'esclave comme plâtre »... D'un long regard qu'il jette, le rhéteur conclut : « Je voudrais que ces deux noms soient abolis », et il évoque le souvenir d'Hécube dans Euripide. « Pas de liberté chez les mortels : l'un est l'esclave de la richesse, l'autre l'est des événements : ici c'est la foule qui restreint nos droits ; là, la loi qui contient nos désirs ».

Il rappelle la doctrine des poètes sur les Dieux « aimer n'est-ce pas aliéner sa liberté ? et ils ont tous aimé ; Jupiter et Neptune, Apollon et Mars, Vulcain et Pluton... A plus forte raison est-il inutile de parler des déesses... On sait la consolation que la Pythie laisse à Crésus prisonnier de Cyrus : « Un Dieu même ne peut éviter le sort qui l'attend ».

Puis ce sont les hommes qui se disent libres et ne peuvent faire ce qu'ils veulent, obligés de faire ce qu'ils ne veulent pas. « J'aimerais naviguer, le destin me mène derrière les bœufs, à la moisson ; cet autre voudrait cultiver la terre et content de peu y vivre en paix, le sort le jette sur un navire l'exile de la terre, sous la perpétuelle menace de la mort dont une frêle planche le sépare... Celui-ci aime l'éloquence , on vante ses forces et il est l'athlète vainqueur des Jeux Olympiques...

Tu nommes esclave celui qui vit dans ta maison parce qu'il est à la merci de ta volonté et de tes caprices... et toi, es-tu libre, que les Parques dirigent avec plus de pouvoir que le pilote n'en a sur son navire? Ton esclave est-il plus ton jouet que tu ne l'es du destin?

En nous-mêmes, que de maîtres et de maîtresses créés par nous et qui nous frappent ; que nous aimons même lorsqu'ils nous ruinent !

Il les passe en revue en des croquis dignes d'un maître : l'amour de la bonne chère qui pèse sur notre ventre et notre tête comme un mauvais ânier sur sa monture... nous renvoie à la maison défaillants, avec des gestes inconvenants, des pieds qui vacillent... et, la nuit passée, nous ramène esclaves des plats, des tonneaux et des coupes, à la même table souffrir les mêmes maux.

La colère où sombre la raison ; le jeu tyrannique: « quel est l'esclave que son maître a fait autant veiller que le jeu fait veiller sa victime ». Il rappelle la charmante fable des hommes qui passionnés par le chant se laissent mourir de faim et en l'honneur des Muses sont transformés en cigales.

L'Envie odieuse, l'avarice sordide sont peints en traits non moins vifs. « Passons aux avares. Ils s'attristent devant la boutique des orfèvres... Rencontrent-ils un cheval élégant qui porte beau son harnais d'or, ils regardent l'or, peu soucieux de la valeur du cheval. Rien de ce qu'il possède ne satisfait l'avare ; ce qui lui manque le torture. Il voudrait que tout l'or qu'il voit soit à lui ; il y ajouterait volontiers tout ce que recèle le fond de la terre. Son éternel discours roule sur l'argent comme celui des altérés sur les fontaines... Il n'estime heureux ni Nestor, ni Arganthon ; ni Pélée pour ses noces, ni Adonis pour sa beauté, ni Hercule pour son immortalité, mais Callicus, Gygès, Cinyras, Crésus et les Myrmidons qui sont tout près de l'Inde, le pays de l'or... Quelle joie lorsqu'ils ont ce métal entre leurs mains ? mais qu'un ami vienne leur demander en service une somme modique, ils n'entendent pas, ils se taisent ou ils mentent, et surtout ils tremblent... Pour la somme la plus minime, ils sollicitent, ils rapinent, ils se parjurent. Audacieux à tout entreprendre, à tout souffrir ; haineux, ils encouragent la haine, trahissent leurs amis, fréquentent les méchants... les esclaves d'un si misérable sort sont-ils libres ?... » La fable de Midas achève cette page remarquable, et embellit de poésie cette observation si précise, si pénétrante du caractère de l'avare (1).

(1) Lib. Ed. Reiske. II, XXIV.

Naturellement la plus irrésistible des passions qui se partagent l'empire de l'âme humaine, l'amour, n'est pas oublié... Mais ce sujet est connexe avec celui de la Beauté auquel Libanius consacre une de ses plus poétiques compositions... c'est à celle-ci que nous empruntons quelques pages.

« Aujourd'hui j'ai vu à sa fenêtre une jeune fille inclinée et voilée : sa vue m'a immédiatement séduit... Je croyais sur terre une blonde Lune animée ou Vénus descendue parmi les hommes... Ce me fut une vraie conviction bientôt que d'une immatérielle beauté elle avait couvert son visage. De sa demeure Cupidon lançait ses flèches. La beauté avait frappé plus vite mes yeux, mon âme en avait éprouvé la douleur et mon désir de la voir me faisait mourir... Oh ! oui, douce chose est la beauté, mais amère est sa blessure... plus elle est douce, plus sa douleur est pénétrante... Alors que les yeux se repaissent de voir, la beauté pénètre dans l'âme et peu à peu le feu de l'amour embrase tout...

En vain Apelle, et l'on sait sa renommée, emploierait les couleurs avec lesquelles il peignit avec tant de bonheur, les Grâces ! autant vaut tenter d'exprimer les splendeurs du soleil ! Le plus habile peintre de cette jeune vierge, c'est mon cœur, qui sans couleurs me représente admirable sa splendide beauté...

Oh ! c'est d'un doux amour que souffre mon cœur, douce est la souffrance, plus douce que les souffrances serait la mort, s'il fallait mourir pour semer de fleurs choisies le chemin de l'amour, victime d'une telle beauté !

Cette vierge porte le ceste de Vénus ; elle semble une incarnation de l'immatériel ; elle n'a pas cependant la beauté insensible d'une déesse, mais celle d'une vierge, d'une belle vierge... A la voir, on la voudrait toucher, dût-on en mourir ! Hélas ! vœu stérile et vain.

Autour de son visage voltigent les Charites sans l'effleurer de leurs pieds légers, dans la crainte de déflorer cette beauté en la touchant ; et d'une rougeur inaccoutumée se colorent ses joues... Autour d'elle, les Muses chantent les poèmes d'Homère et trouvent que ce ne sont pas encore des chants dignes d'une telle beauté. Cupidon, auprès, l'arc tendu, il a oint ses flèches de l'amère liqueur et c'est sur les rayons de ses yeux qu'il se repose du soin de les lancer. Debout se tient la vierge, auprès des Muses, des Grâces et de l'Amour et, avec eux tous, lutte en jouant pour la beauté... Cupidon lui-même est son esclave... et si sa nature le lui permettait, il se laisserait aller à l'amour et il faudrait un nouveau Cupidon... et moi, l'allure désordonnée de ma mule me prévient que l'amour a rendu ma main nerveuse...

Je la voyais cette vierge aux formes splendides, à l'œil beau plein de sourires ; son sourcil noir, arqué ; sur ses joues des teintes bien fondues... Son visage est un Eden fleuri... J'ai vu aussi ses lèvres et ma plume s'arrête impuissante à décrire la pureté de la courbe, la blancheur de la ligne qui se détache de cette bande rouge pourpre... Mes yeux ont ainsi pu se rassasier de la vue d'une rose et de ses pétales mais d'une rose sans épines. Et mon esprit se mit à rêver combien doux devait être le baiser de ces lèvres délicates... Aussi devant l'éclat d'une telle beauté, j'ai versé la larme de tout désir et mon regard émerveillé et malheureux se mouillait de mes larmes d'amour.

Viennent les hésitations et les angoisses... Enfin « Cupidon s'est avec une douceur inexprimable approché d'elle ; de ses ailes comme d'un éventail il a doucement rafraîchi ses joues... elle l'a touché, a jeté sur lui un regard provocateur et les ailes se sont repliées, l'arc est tombé et de la belle vierge, Cupidon, le maître de tous, est devenu l'esclave... Et je l'ai vu souffrir tant et de si rudes douleurs, que je suis devenu lâche. La vue du maître asservi m'a invité à prendre la fuite ; je tremblais de tous mes membres... mais là j'ai dans la douleur laissé mon cœur et c'est un corps sans âme que j'ai rapporté à ma demeure ».

La manière dont Libanius a traité ce sujet peut être discutée, son caractère moralisateur demeure équivoque, mais ce sont des pages littéraires charmantes, d'une psychologie profonde, d'une poésie de pensée et de style dignes des meilleures époques de la littérature. Sur les lèvres du rhéteur, avec l'apparat du discours, elles devaient avoir l'agrément d'une belle scène d'amour au théâtre.... peut être aussi le danger. La griserie des pensées, mêlée à celle des périodes enveloppantes et caressantes, exprimée de cette voix souple, charmeuse, puissante comme un philtre, créait un âpre parfum de volupté qui ne devait point déplaire aux amis du beau en Antioche aux libres mœurs.

La voix du rhéteur parfois se fait grave et austère. Il profite de ces occasions solennelles pour donner aux questions d'enseignement une ampleur et une sanction qui autrement leur manqueraient : il expose ses préoccupations, ses plaintes, essaie de les faire partager par la cité toute entière, et ne néglige pas de donner des leçons et des conseils aussi courageux qu'énergiques aux étudiants et aux familles.

Nous l'avons déjà vu décrire les mœurs des élèves pour les blâmer vigoureusement. Le discours sur le Tapis dédié à la jeunesse y est aussi consacré (1).

Mais lorsqu'il les retrouve sortis de son école et entrés dans la vie publique, il n'hésite pas à les reprendre vertement de leurs défaillances et à les rappeler au devoir. C'est ainsi que dans une de ces réunions publiques, il prononce son discours contre ces jeunes sénateurs, ses élèves pour la plupart, infidèles à leur mandat et silencieux dans les délibérations.

(1) Lib. Ed. Reiske. III. LIX.

« Qui ne me plaindrait, qui ne plaindrait notre Antioche, vous mêmes, vos parents vivants et morts en vous voyant silencieux dans les conseils ? »

Après un exorde insinuant, il leur rappelle leur rôle : apporter leur avis, l'appuyer sur des raisons sérieuses afin d'éviter les funestes mesures, être une protection et un secours ; savoir se rallier aux chefs sages, se séparer de ceux qui ne savent au juste quoi penser. Offrir à ses concitoyens des combats d'athlètes ou d'ours peut offrir quelque gloire, mais ce n'est pas là administrer la cité.

Il les montre approuvant d'un signe de tête quand ils daignent écouter, se tenant près des portes comme les esclaves qui épient le maître...

« Aussi lorsque vous vous asseyez à table, il faut mentir à vos mères. C'est mal, mais vous savez bien que l'aveu de votre silence ferait gémir les malheureuses qui vous ont mis au monde et qui n'ont rien tant à cœur que les fautes, les taches, les hontes de leurs fils... »

Le rhéteur se demande comment lorsqu'on peut conduire, on se laisse mener, lorsqu'on peut être vigoureux et vivant on se fait invalide et imbécile, on se réduit à demander quand on pourrait offrir, à être inutile à son pays quand on pourrait lui rendre service.

Mais ceux qui parlent « effraient les ministres du préteur que vous êtes réduits à redouter ; il leur est facile de créer la crainte d'un seul regard, d'avoir la parole audacieuse, de faire arrêter, de terrifier par leur colère, de dépouiller même ceux qui leur résistent... on les flatte, on les fréquente, on leur accorde des charges... Vous, les silencieux, on vous écarte ; on admire la gloire qu'ils acquièrent par l'éloquence, vous on vous méprise. Dans une autre ville peut être que le silence serait de mise, mais chez nous c'est par la subtile et habile éloquence qu'on triomphe... et il faudrait pour réussir que vous soyez encore meilleurs que vos pères... mais hélas ! pas un d'entre vous qui par la sagesse du conseil ou la science du discours, ait jeté sur la cité un rayon de gloire ! (1).

La leçon est sévère et vigoureuse, digne d'un citoyen et d'un lettré.

Parfois aussi c'est sa cause qu'il plaide ou celle de ses confrères : il dénonce les injustices, les accusations, les gamineries des étudiants, les intrigues des pédagogues. Il se plaint du déshonneur que la pauvreté des maîtres fait rejaillir sur Antioche. Nous n'y insistons pas puisque déjà nous avons emprunté quelques-uns des traits les plus curieux de ces discours !

Aux familles et aux étudiants il adresse le discours sur les invitations aux fêtes et banquets des Jeux Olympiques.

« Pour bien des raisons la ville est loin de s'améliorer : on n'observe plus les traditions, en particulier celles des festins honorables dédiés à Jupiter.

(1) Lib. Ed. Reiske. T. I, III, p. 190.

Sans doute nous apportons pour célébrer ces fêtes olympiques, un zèle, une diligence incomparables : il n'est pas de fêtes plus solennelles ni ici, ni ailleurs : les Eléates eux-mêmes veulent savoir ce que nous faisons.

Mais autrefois aux jeux et aux festins on n'invitait que les hommes. Les jeunes gens « à barbe naissante » et ceux qui fréquentaient le prétoire étaient même écartés ». Il cite son propre exemple : il avait quatorze ans, lorsque son oncle Panolbius offrit ces jeux ; dix-huit ans, lorsque ce fut Argyrius, le frère de sa mère, et il ne fut pas admis. Ce ne fut qu'à vingt-deux ans, alors que déjà la sagesse et la gloire lui souriaient, qu'il fut invité par son oncle Phasganius, chorège cette année là. « Ni la noblesse, ni la fortune, ni un excès de tendresse n'amenait alors à inviter. Aujourd'hui les pères y conduisent eux-mêmes leurs enfants qui n'ont pas dix ans ou les font conduire par quelqu'un de la famille, par un pédagogue ou un serviteur. L'enfant se promène parmi ces hommes et apprend à boire, soit qu'on lui en offre, soit qu'on lui fasse passer les coupes ou les remplir... Là disparaissent la modestie, le respect des vieillards. Au spectacle de la mauvaise tenue, des mauvais exemples, se joignent les conversations : au festin on dit tout et mal venu serait celui qui voudrait mettre un frein et il faut bien l'avouer alors les pères valent moins que les fils. Ce sont des festins auxquels je n'enverrais pas un esclave ! » (1).

(1) Lib. Ed. Reiske. III. LIV.

On voit que Libanius n'est pas un maître complaisant à l'égard des familles, ni vis à vis de ses élèves un maître peu soucieux de leur culture morale.

Parfois aussi devant tous, il répond à ses adversaires, pédagogues ou grammairiens jaloux, élèves impudents qui méprisent leur professeur, imprudents et ingrats, tous ceux à qui il porte ombrage ou qui l'ont rencontré comme un obstacle sur leur route.

Lors des troubles de la sédition qui mit Antioche à deux doigts de sa ruine « dans ces rapines, ces massacres, alors que tous les hommes sensés demandaient leur salut à la fuite », Libanius avait cessé ses discours publics et continué chez lui son enseignement aux quelques élèves demeurés fidèles.

Un pédagogue cependant l'accuse d'avoir été alors lâche et paresseux et tente d'empêcher les élèves de revenir auprès de lui.

« Si j'étais réellement prisonnier de la paresse et qu'un audacieux pédagogue affectant la pudeur m'en fasse reproche, ma paresse me ferait demeurer silencieux.... Ceux qui me fréquentent savent avec quelle joie je me livre au travail, mais les autres, ceux qui sont comme moi épris de l'amour du savoir et des lettres, je crains, qu'ignorant qui je suis, ils ne se laissent tromper ».

Voici le portrait de son insulteur. « Il a fait montre de son talent et de son habileté dès son adolescence ; depuis longtemps livré à lui-même, il est passé maître dans les plaisirs les plus honteux, lui qui, s'il l'eût voulu, aurait pu reproduire les glorieuses vertus dont ses ancêtres ont fait preuve et dans les fonctions publiques et dans les commandements militaires... Cet adolescent déjà célèbre vient vers moi pour prendre part à mes leçons et surtout pour qu'aux éloges frivoles de la jeunesse je joigne les miens...

Il se plaint d'avoir perdu trois mois! pourquoi avoir consacré son temps à la débauche et non au travail : est-ce la faute de la mer si le matelot au lieu de naviguer s'amuse sur la côte ?

Et il s'oppose à la rentrée et nous accable de reproches, semblable à ce voyageur qui s'exile en une région sans eau et au retour, trouvant une fontaine abondante, en veut écarter les autres sous prétexte qu'ils ont bu pendant son absence ; ou semblable à celui qui abandonnerait la terre joyeuse que les rayons du soleil illuminent, pour aller vers les ténèbres Cimmériennes et au retour injurierait la lumière !

« Vous voulez faire croire à votre amour du travail, alors que votre oubli des anciennes leçons et la viande et la graisse acquises, jeune homme gros et gras, témoignent de votre négligence et de votre paresse. Si vous aviez eu l'amour de l'éloquence, j'étais là, vous pouviez venir... d'ailleurs vous l'auriez dû faire quand même, eu égard à mes années, car vous n'ignorez pas les prérogatives qu'Homère, le coryphée des poètes, accorde à la vieillesse ».

« Allons, mes élèves, assez de jours donnés au plaisir, maintenant soyez courageux et attentifs, fervents disciples de l'éloquence, avides de ses bienfaits et de ses gloires ».

De telles pages devaient plaire sinon à l'insulteur du moins à l'auditoire ; l'indignation et l'ironie s'y mêlent à une apologie dont la simplicité constitue tout le charme.

Il nous coûterait de ne pas citer quelques extraits d'un discours, qui est à notre sens un vrai chef-d'œuvre d'ironie souriante... Eutrope préfet de Syrie, le traite de radoteur et devant son auditoire, Libanius établit qu'il ne radote pas...

Tous les vieillards d'abord ne sont pas radoteurs. Libanius l'établit par des exemples d'hier et d'aujourd'hui... témoin surtout Edésius et les maîtres de Julien, maîtres aussi de notre rhéteur.

Chose étrange en cette grande ville tu es le seul à trouver cela et tu rencontres autant de contradicteurs que si tu disais de notre belle Daphné que les arbres, les jardins et les eaux embellissent, qu'elle n'est qu'une misérable auberge.

Libanius veut s'assurer que son cerveau n'est pas affaibli et passe en revue ce qu'il sait en un récit vif, alerte, incisif... il sait qu'il y a la vieille ville, la nouvelle... il sait le nombre des portes, où elles conduisent...il sait même ce qui lui appartient, ce qui ne lui appartient pas; il use de son bien et respecte celui des autres...

Après une gradation habile: « Enfin, dit-il, il est

bien certain que si on peut me prouver que je ne sais pas qui tu es, d'où tu viens, je suis justement traité de fou et Oreste est un sage auprès de moi. Mais je sais que c'est à la campagne que tu as trouvé un père ; il avait en dédain les travaux qu'aiment les laboureurs, méprisait la Terre et les dieux qui la protègent. Un préfet de moralité équivoque avait besoin de gens qui lui ressemblent : ton père devint son portier. Certes la tâche qui lui incombait alors était digne de lui, il s'en acquitta merveilleusement et ses services furent tels qu'outre la fortune il fit du préfet son serviteur. C'est alors qu'il mit au monde ce fils à qui fut donné le nom d'Eutrope : tout lui faisait un devoir de le vouer... aux bœufs et à la charrue. Mais l'occasion était trop belle de montrer son mépris pour la Terre, il le conduisit chez les Muses et le voua à la culture des Lettres. Les précepteurs, qui n'ont le droit de fermer leur porte à personne, le reçurent et l'excellent père qui avait méprisé Cérès trouva moyen d'injurier les Muses en ne payant pas les maîtres de son fils. On s'étonne ? Je serais curieux de trouver un maître qui ait reçu son salaire de cet homme. Et on sait ce qu'il possédait et par quels moyens il l'avait acquis, chantage et violence...

Quand cette pierre — (on dit aujourd'hui cette bûche) — eut assez causé d'ennuis à ses maître, l'étude des lois qui convient aux plus faibles d'esprit et aux plus retardés, attira ce jeune homme à qui tout manquait du côté de l'intelligence.

Il trouva moyen là encore d'être « une pierre » puis se prit à porter des vêtements de peau descendant jusqu'aux genoux, crasseux et larges... Reçu au nombre des avocats il n'eut à plaider la cause ni d'un citoyen, ni d'un étranger, ni d'un homme, ni d'une femme, ni d'un pauvre, ni d'un riche ; tous étaient si bien convaincus qu'il ne pouvait être d'aucun secours, que personne ne s'adressait à lui.

Eh bien, voyons, Eutrope suis-je fou ? et ma vieillesse me fait-elle radoter ? N'ai-je pas au contraire avec précision et vérité exposé ce que vous étiez toi et ton père ?

Je vais continuer ; sois bien attentif ». Il entre alors dans l'étude de la carrière administrative. Les traits n'y manquent pas.

« Certes la magistrature ne récompense pas ton courage, car ce n'est pas de la gloire des armes que tu as à te vanter, tu n'as même pas été soldat. Ce ne sont pas non plus les triomphes littéraires, c'est avec de l'argent que tu l'as acheté... et qui plus est de l'argent d'autrui, et de tes prêteurs tu es le serviteur, aujourd'hui ils siègent avec toi, s'asseoient à ta table, te donnent des ordres, te pressent de sollicitations, t'excitent à l'injustice, t'y forcent. C'est pour ce misérable emprunt que les lois sont foulées aux pieds et que du tribunal sortent les sentences contre la loi et le droit... Tu ne cherches même pas à dissimuler l'impudence de tes vols... On peut invoquer le témoignage de Chalcis, d'Apamée, des autres villes ..Tout ce qu'il dit, tout ce qu'il fait, c'est pour l'argent... s'il rêve, s'il prie, s'il pense, l'argent est toujours sa hantise ! Il lui en faut pour sa famille, et surtout pour ses femmes ; de là, ruine de la cité ! » (1)

La claire ordonnance du discours, le sourire perpétuel qu'on y découvre, l'absence d'amertume et même d'indignation, quelques mots d'une ironie cruelle font de ces pages une perle rare de la littérature de l'époque... il faut feuilleter les meilleurs écrits de Lucien pour trouver semblable atticisme de forme et si abondante profusion d'esprit... Que d'applaudissements dut provoquer ce discours dans Antioche la railleuse !

Il nous en coûte de borner notre étude de la Rhétorique supérieure à l'Ecole et aux sujets qui appartiennent à l'Ecole. Nous aurions aimé voir, auprès de l'éducateur, le littérateur embellissant de son élégante parole fêtes publiques ou privées, heures de deuil ou de joie, le citoyen défenseur intrépide des droits de sa ville, des droits imprescriptibles de la justice et de la liberté. En attendant que nous le fassions, le lecteur a pu deviner le charme puissant de cette rhétorique d'où le bon sens n'exclut pas les hautes pensées, ni l'esprit de tolérance les sévères leçons... Antioche ne connut pas au IV° siècle le rhéteur qui corrompait le goût du peuple et se laissait corrompre par l'indulgence

---

(1) Lib. Ed. Reiske II, IV.

de son auditoire. Libanius est de son temps et sait lui être utile : il aime les traditions, sachant ce qu'elles représentent d'efforts, de sacrifices et de dévouements, il n'en suit pas moins d'un œil bienveillant les essais d'innovation ; il chérit son Antioche et ne lui ménage pas ses conseils : il garde fidèle le culte de ses Dieux et les défend noblement contre le pouvoir qui les menace ; par dessus tout il aime les Lettres, héritage glorieux des ancêtres, qu'il veut transmettre intact à cette jeunesse hélas ! de moins en moins soucieuse de culture intellectuelle, toute éprise de plaisir ou d'ambition. Ni ses reproches, ni ses prières ne purent arrêter le courant qui entraînait familles et étudiants vers le plaisir toujours plus facile et le fonctionnarisme séduisant... Qu'importe ! alors qu'on n'avait plus besoin que de rouages pour la machine sociale, le rhéteur eut encore — et c'est sa gloire — la noble ambition de faire des hommes.

CONCLUSION

Les maîtres connaissent la concurrence vivifiante et l'indépendance féconde ; ils ont gardé quelque chose des libres allures de l'Académie et du Portique, et ne s'isolent pas en leur pédantisme ; les étudiants enthousiastes du savoir et de l'éloquence n'en mènent pas moins joyeuse vie sans souci des censeurs moroses ; la famille, toujours ambitieuse de bien-être et de gloire pour les siens, trouve en ce sentiment intéressé un stimulant plus énergique et plus stable que les prescriptions légales. Sans programmes imposés l'école ne connut jamais peut-être plus d'ordre, plus d'harmonie, plus de vie, plus d'unité. « O muses ! ô lettres ! que de dons vous répandez sur vos adorateurs ! quels fruits vous portez en ceux qui vous cultivent ! o fleurs d'éloquence quelle vertu vous communiquez à ceux qui puisent dans vos ondes » 1).

Ni prince, ni sénat n'imposent un enseignement religieux et les écoles, dont programmes et professeurs sont païens, se montrent si admirablement tolérantes et respectueuses des consciences que le christianisme leur laisse ses enfants et ne songe pas

(1) Basil. *ad Lib*. Ep. 333.

à en créer de rivales. L'école est encore le foyer commun où tous s'asseoient, créateur d'une précieuse confraternité.

De l'enseignement des rhéteurs sort une morale moins étroite que la nôtre et plus sincère. La leçon de morale n'a pas son heure fixe, elle est de tous les instants ; elle est la préoccupation suprême du maître, la naturelle conclusion de ses leçons... Assez austère pour créer des caractères elle est assez libérale pour éviter des hypocrisies : moins formaliste que la nôtre, elle est plus humaine.

Une double grande loi la domine : l'eurythmie et la mesure.

L'eurythmie ! la belle allure ! loi de la voix et du geste, du mot et de la période, du corps et de l'âme ! La leçon de gymnastique l'enseigne aussi bien que la leçon de style ; loi idéale d'harmonieuse beauté qui pénètre tout, vivifie tout, unifie tout.

Sans doute lorsque la mesure en est absente elle tombe en des excès ridicules... Mais avec la mesure, le « μέτρον ἄριστον » la voix bien que souple demeure virile, le geste harmonieux n'est pas théâtral, le mot et la période ne sont pas des coupes vides de pensée ; le rhéteur devient orateur sans être comédien ; le souci du bien dire n'éteint pas les vives indignations du citoyen, la modération qui les tempère ne les rend que plus puissantes.

On devine au prix de quels efforts s'obtenait cette éducation esthétique. « Le proverbe a raison, Socrate, le beau est difficile »(1). De ces efforts l'esprit n'était pas le seul à profiter. L'idéal est conçu ; la volonté est exercée. La loi de l'appétit subsiste comme dans les âmes grossières, la loi de raison comme dans les âmes morales, mais dans ces âmes « esthétiquement épurées » par les labeurs intellectuels, il y de plus un autre mobile, une autre force qui plus d'une fois supplée à la vertu quand la vertu est absente et qui la rend plus facile quand on la possède. Ce mobile, c'est le goût, qui exige de nous de la modération, de la dignité, qui a horreur de ce qui est anguleux, dur, violent... Alors s'apaise l'ardeur des inclinations matérielles, se taisent les appétits brutaux, s'harmonisent les mouvements affectifs : la nature en ses explosions les plus violentes rencontre un frein et « si c'est la raison qui parle et qui nous commande les choses conformes à l'ordre, à l'harmonie, à la perfection, elle rencontre le concours le plus actif » (1).

Hélas ! les lamentations éclatent aujourd'hui de toutes parts, et trop justement, sur l'absence d'éducation ; et à la même heure, dans les écoles chrétiennes on attaque les classiques païens, dans les écoles officielles on restreint le contact avec les maîtres de l'antiquité. Comme si précisément ce qui manque à notre génération n'était pas ce que cultivaient merveilleusement les anciens : le sentiment et le goût de la beauté !

Nous faisons de la gymnastique pour la guerre,

---

(1) Schiller. *De l'utilité morale des mœurs esthétiques.*

de la danse pour le plaisir, des études pour le diplôme et avec lui la place tant enviée en la maison toujours plus vaste où s'abrite le fonctionnarisme... Nous voulons savoir sans nous soucier de comprendre ; amasser des connaissances pratiques sans prendre le temps d'exercer notre goût ; nous avons le désir d'arriver, nous n'avons pas la noble ambition de grandir. Aussi l'esprit se déforme en se spécialisant, le cœur inquiet erre et s'égare, le caractère s'avilit en des luttes mesquines et lâches : cela commence au collège et se continue dans la vie. Combien peu notre veulerie ressemble à la tolérance du IV° siècle, notre scepticisme à sa large religion, nos vagues aspirations vers la justice à sa grande humanité !

Qui nous rendra le noble goût de l'éducation antique, qui, à son heure crépusculaire, dans le détachement des formes religieuses, dans un large esprit de tolérance et de liberté, dans la communion de tous au culte du savoir et des lettres, élevait l'Humanité jusqu'à la pacifique et sereine religion de l'Idéal, forme supérieure et universelle de toute aspiration morale et religieuse !

TABLE DES MATIÈRES

Préface. — P. 1-18.
　Les écoles, p. 2 ; L'Orient-Antioche, p. 4.
　Le IVe siècle, p. 11.
Chapitre Premier. — *Régime des écoles*, p. 18-60.
　Enseignement privé et enseignement public, p. 18 ; moralité des écoles publiques, p. 21 ; discipline, p. 28 ; action de l'Etat, des municipalités, de la liberté, p. 36.
Chapitre Deuxième. — *Les programmes*, p. 60-113.
　A l'école du premier maître : écriture, lecture, calcul, l'abaque, le comput digital, p. 60. — A l'école du grammairien: les questions étranges, les dialectes, p. 74. — A l'école du rhéteur : les deux méthodes ; les auteurs de rhétorique ; les exercices ; les genres ; théorie de l'oraison funèbre, de la monodie, de l'épithalame, p. 83. — Caractères pédagogiques de la rhétorique, p. 102. — Son caractère éducateur, p. 108.
Chapitre Troisième. — *Etudes spéciales*, p. 113-184.
　Musique et métrique : danse et gymnastique, p. 114.
　Science : arithmétique et algèbre, p. 136 ; géométrie, p. 140 ; astronomie et astrologie, p. 144 ; alchimie, p. 149 ; médecine et charlatanisme, p. 151.
　Droit : les cours et les conférences, p. 161.
　Philosophie : symbolisme et théurgie ; éléments religieux, éléments philosophiques ; néo-platonisme et christianisme.
Chapitre Quatrième. — *La famille. Le pédagogue. L'étudiant*, p. 184-218.
　La famille : la direction chrétienne ; la mère, p. 184.

Le pédagogue : ses fonctions ; le pédagogue de Julien l'Apostat ; rivalité des pédagogues et des professeurs, p. 193.

Les étudiants : Libanius à Athènes ; les nouveaux ; luttes des étudiants ; devant le proconsul à Corinthe ; les étudiants et les maîtres ; les amitiés ; l'édit de 370, p. 201.

CHAPITRE CINQUIÈME. — *Les maîtres*, p. 218-250.

Les maîtres du premier âge, p. 220. — Le grammairien, p. 222. — Rhéteur, sophiste et philosophe, p. 223. — Hiérarchie et association, p. 226. — Honneurs et honoraires, p. 229. — Procédés de réclame, p. 240. — Luttes entre rhéteurs, p. 243.

CHAPITRE SIXIÈME. — *La rhétorique supérieure*, p. 250-283.

Rhéteurs errants, p. 252 ; séance de rhétorique, p. 254 ; quelques discours littéraires de Libanius, p. 261 ; discours moraux : apologie des danseurs ; l'esclavage ; la beauté, p. 263. — Conseils à ses élèves, aux familles ; reproches aux pédagogues ; ironique discours contre Eutrope, p. 272.

Conclusion. — La liberté et la beauté dans l'éducation, p. 283.

Laval. — Imprimerie Parisienne, L. BARNÉOUD et Cie.

www.ingramcontent.com/pod-product-compliance
Lightning Source LLC
Chambersburg PA
CBHW070740170426
43200CB00007B/588